普 通 人
如何保卫
自己的财富

投资理财从入门到精通

黄士铨——著

清华大学出版社
北京

内 容 简 介

本书从实现财务自由的基本路径讲起，将财务自由分为三步：短期主动收入、中期投资收入和长期被动收入。书中会拆解每一步的难点和重点内容，并且规划出一条适用于普通人的财务自由之路。

本书共八章，分别解读短期收入、中期收入和长期收入。提高短期收入的难点在于自身能力的提升，要节流，即不要掉入消费主义陷阱；要开源，即要睁眼看世界。提高中期收入的难点在于灵活应用投资方法论，书中会给出适合普通人的投资渠道和投资方法。提高长期收入的难点不在于操作，而在于财商的长期培养和长期的知行合一。

本书内容通俗易懂，案例丰富，实用性强，特别适合想要达成财务自由却无从下手、无法入门的普通投资者阅读。

图书在版编目（CIP）数据

普通人如何保卫自己的财富：投资理财从入门到精通 / 黄士铨著. —北京：清华大学出版社，2023.1（2023.4重印）

ISBN 978-7-302-62405-9

Ⅰ. ①普… Ⅱ. ①黄… Ⅲ. ①私人投资－基本知识 Ⅳ. ①F830.59

中国国家版本馆CIP数据核字(2023)第016299号

责任编辑：张立红
封面设计：蔡小波
版式设计：方加青
责任校对：赵伟玉 卢 嫣
责任印制：杨 艳

出版发行：清华大学出版社
  网 址：http://www.tup.com.cn，http://www.wqbook.com
  地 址：北京清华大学学研大厦A座   邮 编：100084
  社 总 机：010-83470000   邮 购：010-62786544
  投稿与读者服务：010-62776969，c-service@tup.tsinghua.edu.cn
  质 量 反 馈：010-62772015，zhiliang@tup.tsinghua.edu.cn
印 装 者：三河市东方印刷有限公司
经 销：全国新华书店
开 本：148mm×210mm 印 张：8.5 字 数：191千字
版 次：2023 年 2 月第 1 版 印 次：2023 年 4 月第 3 次印刷
定 价：59.80 元

产品编号：086933-01

前言

　　过去我们常听到"35岁的中年危机"这一说法，其实不论是中年人还是年轻人，都有竞争压力。面对生活中的不确定性，我们普通人需要思考怎样才能让自己保持核心竞争力，守住已有的财富，并创造新财富。

　　财富保卫战已经打响。没有不可替代的技能，就无法成为不可替代的人。打赢财富保卫战最关键的一环在于提高自身工作能力。

　　想靠保本理财保住财富？这条路已经走不通了。2022年起银行理财产品不再保本保息，进入净值化管理阶段。投资者必须也只能是自己承担因投资波动产生的风险。2021年12月至2022年4月，证券市场急速大幅下跌，一大批知名基金净值回撤30%至50%。如何选择投资标的？如何选择投资时机？如何规避风险？投资者想要保住财富，就要提高自身投资能力。

　　有人因噎废食，既然存在风险，就采取最保守的行动，将资产全部存入银行，但真实利率跑不赢通货膨胀，资产每天都在贬值；有人贪功冒进，既然风险不可避免，不如奋力一搏，采取最激进的行动，将所有身家孤注一掷，如此一来，即便是微小的投资波动，也会影响正常的生活。没有合理的资产配置和科学的投资方法，就无法稳健地创造财富，而创造财富的关键在于提高财商。

我们要做到知行合一，认知与综合能力相符，财富与认知匹配。打赢财富保卫战，绝不是仅凭运气的一时之利，而是凭长期的综合能力。提升能力、保卫财富、创造财富，最终达到终极目的——财务自由。我创作本书的初衷就是要帮助普通人找到并且规划出一条财务自由之路。

财务自由并非高高在上、遥不可及，而是可以通过长期的规划和执行达成的目标，并且简明易行。它大致可以为三部分：短期资金、中期资金和长期资金的应用与配置。

短期资金要求我们提高自身能力，增加主动收入，难点在于开源节流；中期资金要求我们主动承担风险，博取风险收益，难点在于灵活掌握投资方法；长期资金要求我们将中期资金的盈余抽离，投入长期资金，以换取低风险、低波动、相对较低的被动收入。当被动收入能覆盖主动收入时，即长期资金收入高于短期资金收入时，我们便实现了财务自由。

种树最好的时间有两个：一个是10年前；另一个是现在。财务自由之路虽然并不是比谁先种树，但由于复利的一大关键因素是时间，时间越长，复利总额越高，所以现在开始起跑，并不算晚，但现在还不开始，那就太晚了。

目录

第五章
中期资金：正确的与错误的 / 135

第八章
长期资金：长期的力量 / 245

第一章

从零开始：财务自由常识

赚钱这件事，要分三个阶段来看。

一、生存的阶段。首先要填饱肚子，所有侵害我们收入的选项都要尽量回避。如果月薪 5000 元，一顿饭却要吃掉 80 元，就是收入与支出不匹配。在生存阶段，首先要降低负债，消费不超前、不冲动。如果因为种种原因而无法降低负债率，只能提高赚钱的能力。

二、生活的阶段。当我们提高了赚钱的能力，我们对未来的生活就会有憧憬，会有喜欢做的事，会为未来的生活做计划。做计划就涉及时间，不论是用 10 年、20 年还是 30 年来计划一件事，总归越提早计划越好。

不论是生存的阶段还是生活的阶段，都以工资收入（经营性收入）为主。

三、生钱的阶段。当解决了生存问题，生活也很富足惬意，我们就要去做投资，用钱生钱。钱生钱无法回避的事是学习和投资体验。学习可以让我们少走弯路。大部分人对于投多少钱、承担多大的风险、自己是否适合做这件事等问题一无所知，导致自己的性格、资产和工具完全不匹配。若没有投资体验，通常决策都是错的。

1. 你想实现财务自由吗？

我们努力学习、拼命工作，目的之一就是实现财务自由。那什么是财务自由？财务自由有很多种定义，各种说法莫衷一是，但归根结底就是一句话：不用再为了生存而出卖自己的时间。什么也不需要做，就有现金流入，流入的现金还要高于生活上的必要支出。

怎样才能什么也不需要做，就会有现金流入？比如我有 30 套房，每天都能收一次房租；我投资一家公司，每年都可以得到利润分红；我有一棵果树，每年都可以吃到水果。问题是最开始的 30 套房是怎么来的？投资一家公司的本金是怎么来的？果树是哪里来的？除去接受赠送和继承等途径外，只有一条路，那就是自己挣。

怎么挣？出卖自己的时间。出卖自己的时间得来的收入叫作"经营性收入"。但靠经营性收入很难实现财务自由，如果想要获得更多的收入，便要不断地出卖自己的时间。如果把经营性收入投入某一项可以持续获得现金流的资产，持续而来的现金流就称为"资本性收入"。当资本性收入可以覆盖我们生活所必需的支出时，我们就可以什么都不做了，就已经实现了最低限度的财务自由。

我们来算一笔账：假设我现在年工资收入是 12 万元，每年扣掉所有的生活成本 7.2 万元，还剩 4.8 万元。如果我明年不想工作了，想尽快实现财务自由，那就需要用 4.8 万元的本金在一年内赚到 7.2 万元，需要高达 150%（7.2/4.8）的回报率，并且赚到的 7.2 万元用作明年的基本开支后，还只剩下 4.8 万元。再下一年，我还要用这 4.8 万元再赚到 7.2 万元，才能继续保持财务自由。显然，要实现这种持续的高回报率是非常困难的。

如此一来，只能降低投资收益期望值，如果 150% 的回报率降到 10%，4.8 万元每年只能赚到 4800 元，还不够一个月的基本开支。因此需要考虑回报率之外的另一个因素——本金规模。

如果我每年需要 7.2 万元用作基本生活开支，并且每年可获得 10% 的投资收益，则需要本金 72 万元。这 72 万元是怎么来的呢？只能来自经营性收入，即每年的工资结余。如果每年有 4.8 万元的结余，要想攒够 72 万元，就需要 15 年。如果要达到最基本的财务自由，15 年的时间已经非常短了。看我们身边的人，有多少人已经工作超过 15 年了，但还没有达到最低限度的财务自由？为什么？因为这是在默认其他条件都不变的情况下的计算结果。

实际情况是，我们的生活有可能会发生各种变化：涨工资了，本金积累的时间就会变短；失业了，不但不会增加本金积累，还可能会花光本金；物价上涨，积累的收入赶上不通货膨胀；陷入消费主义陷阱，冲动消费花光了本金；投资能力强，短期内得到极高的投资收益；投资能力差，造成本金亏损……

美剧《破产姐妹》中，麦克斯和卡洛琳想攒钱开一家自己的蛋糕店，每一集最后都会显示她们攒钱的数额。你会看到这个数额并不是持续增多的，有时还会大幅减少。计划永远赶不上变化。这不是不可知论，而是首先承认变化的存在，才能使我们更好地执行计划。

● 实现财务自由的两个步骤：积累经营性收入，获取资本性收入。

● 经营性收入的两个要点：开源、节流。

● 资本性收入的 3 个要素：本金、时间、回报率。

问题来了，如果想要缩短实现财务自由的时间，就需要保持高的投资回报率，但这几乎无法实现；如果降低回报率，靠大额投资基数取胜，赚取大额投资本金的时间又太长。

哪条路更好走呢？高回报率这条路肯定走不通，巴菲特的投资回报率平均每年也只有 20% 左右。所以我们对回报率不能期望太高，但也不是求最低值，而是要根据自己的能力追求适当的回报率。

最好的方式是快速积累本金，也就是努力提高工资，获得更多的经营性收入。专注本业是最简单的途径。一旦加薪，可以在最短的时间内把本金做大。将本金做大后就不再需要过高的投资回报率，投资理财的难度降低。

时间是用来增加复利的，收益率大于零的情况下，时间越长，回报越高，所以附加条件是身体好。

你想要实现财务自由，必须先积累经营性收入，也就是先做好自己的主业、本业，争取获得更高的经营性收入，并且尽可能节省不必要的开支，使可投资的部分增多。经营性收入越高，越能更早、更多地进行投资，以换取资本性收入。

提高投资回报率的路也并不是不能走，但是有门槛。不要把投资当成游戏，任何回报都要有付出，提高回报率相对通过本业做大本金来说更难。那么提高投资回报率靠的是进入风险更大的市场吗？其实并不是，而是靠学习。

贫穷的本质是什么？穷，是口袋里没钱；贫，是脑袋里没东西。穷不可怕，贫才可怕。所以治标要先治本，本就是贫。贫能不能解决？能。靠什么解决？靠读书，靠多交往朋友，靠多跟成功人士交流。解决了贫的问题，自然也就解决了穷的问题。

学习当然要交学费，这也是投资的一部分成本。买课程、买知识是学习。在投资中亏损，也是学习过程的一部分。投资有赚有亏，永远是这样。《海龟交易法则》的作者柯蒂斯·费思在书中说："亏损是游戏的一部分。"在投资的过程中，只有在你亏钱的时候，你才能够发现自己的投资缺陷，才能够提高、进步。

从零开始的人，通过做好本业来提高经营性收入。在尽量避免不必要支出的情况下，多积攒投资本金，通过投资获取资本性收入。当资本性收入足够覆盖经营性收入的时候，就可以实现财务自由了，不必再为经营性收入而出卖自己的时间。到那时，工作或者出于兴趣，或者出于实现自我价值的需求，但总归不再是为生活所迫。这就是普通人实现财务自由的基本路径。

如果你正在按照我所说的路径前进，我希望你能了解我接下来讲的三件事。

第一，你的存款比收益更重要，存款意味着自由和安全。最好的方式就是看看你每个月花了多少钱，少花一点，多存一点。

第二，存现金是风险最低、最稳定的投资，但也可能是收益率最低的投资。因为它必亏无疑，通货膨胀和利率下行是必然的趋势，所以你一定要找到有价值的"存钱方式"，就是把你的钱放到能够带回更多钱的地方。在这个过程中你有可能会出现短暂的亏损，但是这个不是最要紧的，从长期的眼光来看，学到比赚到更重要。当然，从长期来看，找到恰当的投资方法后，亏损比盈利更难。

第三，永远不要跟风，任何人推荐的方法或标的都不靠谱，你所有的投资决策必须建立在自己的投资框架和逻辑上，不论你的资金量有多少，都不能草率投资。从来都是少数人赚钱，跟风意味着你已经成为大多数人，对你来说这不再是机会，而是风险。跟风投资是人性，但是你要做的就是战胜人性，没有独立的投资逻辑比亏钱更可怕。

2. 经营性收入

你值多少钱，不是由你决定的，而是由市场决定的。

如果把你当成一件商品，决定商品价格的因素在于需求，而不在于成本。如果一件商品造价1000万元，成本很高，但没人要，那就一分钱也不值。如果一件商品造价很低，但市场需求高，就能卖出高价。例如，茅台酒的毛利率达到90%以上，即100元的商品的直接成本不到10元，可就是"一茅难求"。

想要提高自己的身价，就必须把自己打造成市场最需要的人，或者说要具备市场最需要的技能、手艺。这项技能可能并不能称得上高超，但当前市场中很少有人具备它，那么市场就会给出高价。如果这种手艺谁都会，有我不多，没我不少，就不会得到市场的追捧。

张艺谋说："我一开始就有这个意识，让自己迅速工具化。"（《张艺谋的作业》张艺谋，方希文）

人出卖自己的时间以获得维持生存最基本的资金。我们的时间值多少钱？回到古典经济学，供需关系决定价格。

为了生存，我们不得不出卖时间，本质上亏损的一定是我们自己。其内在逻辑就是供给大于需求，有人失业了，卖时间都卖不出去。所以只要我们在卖时间，就一定是亏损的。

有人在给老板干活的时候总会想："我干了这么多，只给我这么少的钱，我要消极怠工。"这样想的话，我们一辈子也不会成长，为什么？因为我们的思考方向错了，不在乎个人职业发展，而是消极对待工作，最后害的只能是我们自己。

在工作中更注重自身的成长，等于把相同的时间出售了两份，一份卖给老板，另一份卖给自己。卖给老板的时间由薪金兑现，卖给自己的那份由成长兑现。自己得到了成长，接下来会得到更多的薪金。

成长不是一天的事，也不是一年的事。我们每天都需要成长，停一天都不行，要让今天比昨天更好，明天比今天更好。

成长靠什么？靠知识。知识的分类不能以有用或无用来划分。有用或无用只是单一的维度。现在看来有用的知识，以后未必有用；现在看来无用的知识，未来可能会有大用。所以还要增加一个维度——时间。有用的知识，一定要具备长期有用的特点。

比如驾驶能力，在 10 年前还是必须掌握的技能，现在它的必要性已经大打折扣。出门就可以预约打车，比自己养车的成本低太多了。

那么哪些知识具备长期有用的特点呢？这没有固定答案。只能在有时间、有条件、有精力、有能力的情况下广泛学习，额外的好处是很多知识都是触类旁通的。如果我们学了一些 C 语言的基础课程，再学习 Python，就会感觉很轻松。

庄子说："吾生也有涯，而知也无涯，以有涯随无涯，殆矣。"虽然要广泛学习，但时间总不够用。所以广泛学习也要有所选择，要不断地问自己，对自己来说什么更重要？根据重要性来分配时间。

只有加快自我成长，提高身价，才能在最短的时间内得到更多的经营性收入，才能有更多的投资本金赚取资本性收入，才能更快地实现财务自由。

3. 资本性收入

资本性收入与经营性收入的区别在于资本性收入不需要重复劳动。

厨师靠做菜赚钱，每赚一次钱都需要再做一盘菜；工人靠搬砖赚钱，每赚一次钱都需要多搬一块砖；快递小哥靠送货赚钱，每赚一次钱都需要再送一件货。

资本性收入不是用劳动换取收入，而是用资本利得来兑现现金流入。最简单的例子是把钱存进银行，不考虑通货膨胀的话，每年的利息收入就是资本性收入的一种。

资本性收入的重点是投资。投资也可以分为两种情况：一种是投资给自己；另一种是投资给别人。

投资给自己，使自我成长，自身能力更强，身价更高。如果有能力写一本畅销书，便可以在未来几十年中反复收取版税。它的特点就是只在写书时一次性投入劳动，其后的收益无须重复劳动。

投资给别人，狭义上可以理解为投资给一家未来很长一段时间都能生存下来且每年都能创造利润的公司。公司每年的分红或公司自身成长带来的股价上涨，就是资本性收入。它的特点就是只在分析选择投给哪家公司时一次性投入劳动，其后的收益无须重复劳动。当然，由于这类投资是投给别人，投入第一次劳动后，还要持续关注公司的发展，如果出现不好的苗头，要第一时间撤离。但总体来说，持续关注相对首次分析来说，所付出的精力已经可以低到忽略不计了。

如果深入探讨资本性收入不需要重复劳动的特点，那就是边际成本趋近于零。

什么是边际成本？即每增加一份产出需要增加的成本。例如，生产一个商品的总成本是 10 元，但生产两个商品的总成本是 18 元，生产三个商品的总成本是 14 元。为什么总成本会发生变化？因为总成本中包括固定成本和可变成本。

厂房、设备等都是固定成本，不论是否生产，生产多少，成本是不变的；原材料等是可变成本，生产多少与原材料的消耗成正比。生产得越多，每个产品分摊的固定成本就越低，每个产品的总成本也就越低。

边际成本的极端情况就是趋近于零。仍以写作畅销书为例，写作所付出的人力成本是固定成本，印刷、销售所付出的成本为可变成本。卖出得越多，每本书分摊的固定成本越低，每本书的总成本就越低，收益就越高。更极端的情况是，不卖纸质书，只卖电子书，总成本几乎等于固定成本。

同样，开发出一款爆款游戏虽然付出的成本极高，但每卖出一份游戏，成本只不过是多一次拷贝而已，边际成本几乎为零。

我们可以把边际成本的概念引申到很多地方，比如吃午饭的时候不要单独吃，因为吃饭的时间是固定成本，不会变。但和同事一起吃，"多线程操作"，一份时间成本不但可以用于吃饭，还获得了一份交流收益。

我们工作也好，创业也好，想要获得最大限度的高收益，就要在大方向上选择边际成本越近于零的领域。有人向我咨询能不能做驿站生意，我建议不要。因为驿站生意是区域生意，在不发生异常变动的情况下，人口固定，需求固定，物流固定。永远是这么多人，解决这么多事，没有增量空间，边际成本基本不变，收入固定。也就是说生意不会更好，但有可能更坏，如可能出现投诉增多、运单减少等情况。

资本性收入的理念，不仅仅是投给自己，也包括投给别人；不仅仅是投入证券市场，也包括就业、创业方向。但它的目的只有一个——提高收入、提高效率，以便更快地积累本金、扩大本金，提高投资回报率，尽快实现财务自由。

4. 资本性收入的复利效应

从另一个角度来看，你越早开始投资，你所获取的资本性收入也越高。你可能会说："这是当然的啊，毕竟早一年、早一天也是早嘛。"但收入的增长并不是你所想象的线性增长，而是指数增长，有可能投资时间相差几年，投资结果就相差一半。

经营性收入虽然较资本性收入更加稳定，但经营性收入是单向重复的收入。就像厨师做一盘菜就赚一盘菜的钱，工人搬一块砖就赚一块砖的钱，它无法形成复利效应。

什么是复利？假如我们拥有一张厚度只有 1 毫米的纸，并且它可以无限次地对折。对折一次，厚度变为 2 毫米，再对折一次，厚度变为 4 毫米，再对折一次，厚度变为 8 毫米……在对折 23 次后，厚度变为 8 388 608 毫米，也就是 8 388.61 米，已接近珠穆朗玛峰的高度了，再对折一次后，地球上已经没有任何东西比它的厚度还高了。

为什么一张薄薄的纸在多次对折之后会达到难以想象的厚度？这个现象背后隐藏着一个理论——复利。有三句话可以形容复利：复利堪称是世界第八大奇迹，其威力甚至超过原子弹；复利是人类最伟大的发明；复利是宇宙最强大的力量。

虽然听起来有点夸张，但这恰恰表明了复利的威力远远超过你我的想象，那么复利效应到底指的是什么呢？简单来说就是利滚利。假设你初始投入的本金是 100 元，投入的回报率是 10%，那就是 110 元。如果你把这 110 元继续用于投资，再赚取 10% 的回报后，就变成 121 元。然后把这 121 元再继续用于投资，再赚 10%，本金就变成 133.1 元。以此类推，到第 10 次投资的时候就是 259.37 元。你发现了吗？虽然每一次回报率都只有 10%，但是它的绝对盈利是你当初投入的 100 元的 2.59 倍。

根据数据显示，巴菲特在过去 50 年的投资中，大部分投资的回报率都集中在 15%~25%。看到这个回报率数据，你可能会觉得这跟普通人的水平差不多，但是巴菲特就是靠着这样稳定的收益，加上长时间投资所产生的复利成为世界首富的。

可见，要获取高收益，我们往往不一定要进行高风险的博弈，也可以通过长时间的持有以及稳定的回报率来实现它。对于一般人来讲，最有效的复利方式一定是投资，最好是定投。只要你利用好每一次的微笑曲线，就能享受复利。长时间和有纪律的经营定投就是一般人通往财务自由最简单的方式。

假设你现在每个月有 1 万元的工资，每个月可有 5000 元用于投资，那么一年就是 6 万元，并且每年都有 6 万元的新增投资。再假设我们每年都能赚取 20% 的资本性收入，我们来算一笔账。

1 年后：$6 \times 120\%=7.2$（万元）；

2 年后：$6+7.2 \times 120\%=14.64$（万元）；

3 年后：$6+14.64 \times 120\%=23.57$（万元）；

4 年后：$6+23.57 \times 120\%=34.28$（万元）；

5 年后：$6+34.28 \times 120\%=47.14$（万元）；

6 年后：$6+47.14 \times 120\%=62.57$（万元）；

7 年后：$6+62.57 \times 120\%=81.08$（万元）；

8 年后：$6+81.08 \times 120\%=103.29$（万元）；

9 年后：$6+103.29 \times 120\%=129.95$（万元）；

10 年后：$6+129.95 \times 120\%=161.94$（万元）；

11 年后：$6+161.94 \times 120\%=200.33$（万元）；

12 年后：$6+200.33 \times 120\%=246.4$（万元）；

13 年后：$6+246.4 \times 120\%=301.68$（万元）；

14 年后：$6+301.68 \times 120\%=368.01$（万元）；

15 年后：$6+368.01 \times 120\%=447.62$（万元）；

16 年后：$6+447.62 \times 120\%=543.14$（万元）；

17 年后：$6+543.14 \times 120\%=657.77$（万元）；

18 年后：$6+657.77 \times 120\%=795.32$（万元）；

19 年后：$6+795.32 \times 120\%=960.39$（万元）；

20 年后：6+960.39×120%=1158.47（万元）。

我们把收益年终值画成一张图，如图 1-1 所示。

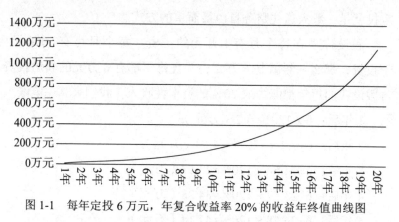

图 1-1　每年定投 6 万元，年复合收益率 20% 的收益年终值曲线图

其实这是一条指数函数曲线，所以认为晚投资一年比早投资一年的收益少不了多少，是完全错误的。第 20 年和第 19 年的收益就差了 150 多万元。第 20 年的收益是第 16 年的两倍还要多，这之间也不过相差了 4 年而已。

如果你在 25 岁开始，始终每年定投 6 万元，并且让 20 年内每年复合收益率都达到 20%，20 年后你就有 1158.47 万元。如果国债利率保持在 4% 左右不变的话，不再继续投资，而是买无风险国债的话，每年大约可以拿到 46 万元的利息，如果你没有太高的消费需求，基本的财务自由就算达到了。

你可能会认为 20% 的收益率太高了，肯定达不到，那我们把收益率降至 10%，在其他条件不变的情况下，20 年后你将会有 347.32 万元。按长期国债 4% 的收益率，每年可拿到 13.89 万元的利息，平均每个月 1.15 万元，资本性收入也达到当前经营性收入的水平了。

在工作的 20 年中，随着在本业上的持续投入，自身能力越来越高，工作也会越来越多，那么每年可用于投资的金额也会增加。本金增加，在收益率不变的情况下，最终的总收益也会增加。

假设从第二年开始，每年增加 3000 元的投资，按 10% 的年复合收益率再进行一次计算，20 年后将会有 474.49 万元。按长期国债 4% 的收益率，每年可拿到 18.98 万元，平均每月 1.58 万元。

避免陷入消费主义陷阱，才能更多地积攒投资本金；更加投入本职工作，才能提高经营性收入，增加投资总金额。本职工作的经营性收入就像是水龙头，我们一要防止消费主义陷阱造成漏水，二要找到一个可以钱生钱的蓄水池，增加资本性收入。最终实现资本性收入覆盖经营性收入，也就是财务自由。

5. 实现财务自由的基本路径

第一步：节流。不要盲目超前消费，信用卡、白条、花呗等的利息非常高，可达到 15% 以上。投资本金越多，达到初步财务自由的时间越短，需要的回报率越低，操作越简单。如果盲目超前消费，使投资本金变少，将会大大提高达成财务自由的难度。

第二步：开源。加强自身能力，提高经营性收入，快速积累本金。提高本职工作的收入相较于投资来说更加容易，也是安身立命之本。投资什么都不如投资自己。

第三步：兜底。当有余力时，要用相对较小的资金做好保障工作。把意外险、定期寿险、医疗险先买起来，越早买，保费越少。这些不可控的风险可能会造成巨大的经济损失，所以要有保险来兜底，千万不要把买保险的资金拿来用于投资。

第四步：投资。全心全意地打拼事业，将扣除生活必要开支后的结余用于投资。但我建议不要买股票，不要与机构竞争。要去研究基金，至少对基金有一些基本的了解，研究哪种类型的基金适合你，再找一些排名相对靠前的做尝试性定投。积攒一两年的经验后，逐步加大投资额度。不要一开始便进行大额投资，最可怕的是辛辛苦苦赚到几十万元、上百万元，看着市场很热闹而跟风投资，最终导致巨额亏损。

有钱的时候要做投资，没钱的时候更要做投资。目的不是赚大钱，积累的经验会让我们在极端风险出现的时候尽可能减少亏损。

为什么在正常工作以外还要做投资？因为投资可以在不重复劳动、不出卖时间的情况下增加现金流。投资的目的就是创造出超过基本生活费用的收入体系。

财务自由也是一个资产配置的问题。资产配置的目的是什么？有稳定的现金流来支撑我们的生活，遇到极端风险的时候，保证财产不会遭受巨大的损失。

每一个人都有钱，来源于工资收入。当我们存钱的时候，钱不能永远在同一个地方。这时至少要把资金分成三个部分，分别是短期资金、中期资金、长期资金。

需要注意的是，根据时间来区分三者是不对的，要根据诉求来划分。

● 短期资金。要预留出一年内可能要用到的钱。短期资金最重要的特点是流动性，在我们想要用钱的时候它可以变成现金。它可以是现金本身，也可以是存款，更可以是五六个月的短期理财产品。当短期资金越来越多的时候，其实可以追求利益最大化，那就可以配置中期资金了。

● 中期资金。短期资金多出来的部分可以用于投资。例如，拿一部分中期资金配置回撤可控的稳健投资，由于已经扣除了生活的必需开支，可以承担部分风险来跟随价格的波动，还可以拿一部分中期资金进行高风险、高波动的投资。中期资金的盈利已经影响到我们的生活的时候，就要降低投资金额（仓位）。如何降低？主动止盈。

● 长期资金。盈利了就要考虑长期需求，即我们老了以后要用到的钱。长期资金追求的是确定性，要有稳定的现金流回报。

短期资金、中期资金、长期资金并不是固定不变的，而是不停地流动。经营性收入的结余流入中期资金，在主动承担风险的前提下加快资产积累。中期资金出现大额盈利时，要主动锁利。锁利后的结余资金流入长期资金，长期资金的特点是收益适中、安全。当长期资金的资金流入可以覆盖短期资金的用途（生活基本开支）时，便实现了财务自由。

那么长期资金大多都投到哪里去呢？哪里安全，投向哪里。长期资金的收入大多来自定期存款的利息、长期国债的利息、保险的分红、房租收入等。

6. 资金在短期资金、中期资金和长期资金中流转

赚取短期资金和中期资金，都需要付出一定的代价。短期资

金收入是主动收入，即工资收入、经营性收入，需要我们出卖时间和劳动。中期资金收入也是主动收入，虽然是投资收入，但需要我们付出精力和脑力劳动。只有长期资金是被动收入，它完全不需要我们做任何事，时间本身就在创造价值。

假设 10 年期国债利率是 4%，而一年生活开支需要 50 万元，那么只要通过主动收入的积累，将结余转为中期资金进行投资，将大额盈利锁利，再投入长期资金以获取被动收入，当长期资金达到 1250 万元（50/4%），便可实现财务自由。当然，关于财务自由的目标，每个人都不一样，有人一年生活开支只需要 20 万元，那么长期资金能达到 500 万元（20/4%）即可。

当被动配置的长期资金产生的收益超过我们每年的生活基本开支时，额外多出来的一笔钱用来干什么？再投入中期资金。其实我们达到第一步的财务自由之后，就会发现我们的资产进入了一个正循环的体系。

但事实上更多的人总是输在了这一步，由于不断的成功会导致自我膨胀，很多人认为自己是投资奇才，赢了要继续押注，再押注。赚钱最容易让人忽略风险，大部分人都在止盈这一步失误了。短期资金是主动性的经营性收入，这没有风险。干、干得多、干得好，收入就多；不干、干得少、干得差，收入就少。长期资金是被动收入，不需要人为参与，所以也不会出现风险。风险最大的部分就是中期资金。

投资做得好的非金融从业人员通常有三个共同特质。

第一，本金多。不过他们的本金积累都不是来自投资，而是来自他们早期本职工作的积累，也就是主动性的经营性收入。1000万元按10%的投资回报率就有100万元的利润，绝对收益非常高。但如果只有10万元，哪怕赚一倍，10万元变20万元，基本上对生活还是没有什么根本性的影响，所以积累本金靠本业。

第二，懂得攻击和防守。他们在攻击的过程中都不贪心，赚到该赚的钱就会撤离，然后把盈利的资金放在保守性、防御性比较强的资产中。他们很清楚地知道控制回撤才是自己财富稳健增值的关键。

第三，有耐心。他们可以持续关注一两个标的两三年，等到机会出现时再出手，像狙击手一样长时间潜伏，等待猎物出现，从不急躁。其实人们只要发现两只好股票，就能够发财。查理·芒格在公开接受采访的时候曾经说过，他一直没有办法理解为什么券商的报告总是要推荐一二十只股票让大家去买，他自己每年都要阅读大量的书籍和研报，他说只要一年能够发现一只好股票就能赚钱。他也不理解券商到底是怎么做的，可以每天发现十几个好标的。

本职工作收入很高，投资时耐心等待机会，见好就收，不去赚市场上最后一元钱，获利后把利润放在安全的地方，收取被动收益，就是他们成功的秘诀。

在《低风险，高回报》一书中，作者回测了美股91年的走势。1929年开始，A组合买进波动率最低的一组股票，B组合买进波动率最高的一组股票，定期更换组合中不符合条件的股票。假设每组各投入100美元，至1932年，A组合还有30美元，B组合却只剩下了5美元。至2017年，A组合的最终价值为48.2万美元，而B组合只有2.1万美元。

为什么低波动组合的最终收益是高波动组合的近23倍？正是

因为低波动组合的波动小，所以它的回撤更小。当低波动组合的波动开始变大、开始盈利时，它便已不再符合低波动组合的条件，就已经被剔除了。如果此时它开始回调，那么恰好已经把它的盈利拿到手了，此时低波动组合已添加了新的低波动股票。反过来高波动组合中，股票之所以能入选高波动组合，是因为它已经出现了高波动，继而它可能向上，也可能向下。波动率从低变高，是从 1 到 10，波动率从高变更高，是从 10 到 100，难度显然增加了，反而盈利不多。

从这种方法可以看出，低波动组合本身就具有控制回撤的功能，又有见好就收、落袋为安的好处，而低波动股票又是还没有开启上涨的股票，也需要耐心等待。以上三种盈利特质都通过《低风险，高回报》一书中的案例得到了量化验证。

7. 起步不同，如何选择？

只有 1000 元，怎么实现财务自由？

首先要武装自己，通过买书、买课来学习基础知识，可以的话，甚至要把 1000 元全部花在学习上。

没有钱可以去赚，没知识可以去学。最可怕的是只想赚钱而不想学习，我们所掌握的任何财富都不可能超过我们的认知。超过认知的钱，一定会"凭实力"再还回去。

当然，这 1000 元的学习投资，可以用来学习如何投资，也可以用来提升自己的工作能力，毕竟财务自由的一切基础都来自主动性的经营性收入。

如果还有剩余，我建议拿剩余的钱参与所学习研究的领域中风险最高的投资。风险最高的投资可以让我们在最短的时间内学到最多的东西。高风险不是很容易亏吗？如果只有1000元的话，使用它的目的只有一个——学习，包括学习失败，而不是赚钱。

只有1万元，怎么实现财务自由？

1万元虽然是1000元的10倍，但我们还是不能把它当成中期资金来打理，因为本金太少。即使年复合收益率达到20%，10年后也只不过变成2.59万元，对于生活来说帮助不大。当然，不论本金多少，第一步永远是学习。

1万元相比1000元的优势在于，除了学习所花费的本金之外，应该还会剩下很多。这些钱可以分为四份，分别买一只保守型的基金、一只稳健型的基金、一只激进型的基金、一只高风险的基金，并且最好每周只做100元的定投。

由于钱不多，赚的不会太多，亏的也不会太多。但每种类型都有涉猎，在持有的过程中认真研究学到的东西，会学到很多经验，对于未来赚钱会有很大的帮助。

如果有200万元，应该如何规划？

你可能要承受更大的波动和更大的风险，要规划一个10年或者20年的目标，因为你在追求更大的目标的时候，就必须用时间去减小波动的风险。

其中100万元采用"固收+"策略。什么是"固收+"？这是一种投资策略，分为"固收"和"+"两个方面。"固收"是指固定收入，其来源一般是固定收益类资产，通常指有相对较强的收益确定性、较小的风险性的债券类资产。"+"是指基于固定收益的弹性收益来源，其来源一般是风险较高的股票等权益类资产，占比一般不会超过30%。

市场上的主要"固收+"产品如下。

- 偏债混合型基金：可以参与可转债投资、股票投资、打新、定增、股指期货投资等，基金合同约束的股票投资比例一般在20%～40%，风险较高。
- 二级债券型基金：可以参与可转债投资、股票、打新等，其中股票仓位一般不能高于基金资产的20%。

"固收+"产品的特点是仅以业绩排名无法评判产品业绩，特别是短期排名，短期业绩能够打榜的通常是策略相对激进的产品；年度收益率通常情况下会超过短期理财产品或货币基金；回撤一般会控制在5%以内；股票仓位一般选择走势稳健、分红稳定的优质股。

那么，用100万元投资市场上较为优秀的"固收+"产品，平均每年大约会有8%的收益，回撤控制在3%左右。

剩下50万元作为短期资金，保持流动性，以备急用。

剩下25万元投资市场上较为优秀的稳健偏保守的平衡型基金，基本上回撤可控制在10%左右，通常回报率可以达到20%左右。

另外25万元投资市场上较为优秀的稳健偏积极的混合型基金，大概回撤可以控制在20%左右，情形好的话，年回报率可以达到40%～50%。

以上投资组合一年大约可以获得30万元的回报，长期来看，资金不会受到特别大的影响。但不是配置好了就不再管它，至少每个季度都要看看自己的基金是不是还符合市场的风格。所以你要追踪它，并且学会诊断自己所持有的基金。保证所持有的基金在市场有大的风格切换时不要掉队，收益保持在混合型基金的平均值以上。

每年 15% ～ 20% 的回报率在 10 年后会带来很高的收益。如果我们初始资金有 200 万元，年复合收益率按 15% 来计算，20 年后本金会达到 3237 万元。如果本身还有工资收入，还可以继续做定投，通过纪律性的操作，一样可以带来丰厚的回报。

大学生能不能用生活费理财？

如果生活费足够多且有盈余当然可以。学生的钱足够多吗？当然不多。但学生最有价值的是什么？是年轻，是有足够多的时间，是犯错成本低。所以我建议学生如果有精力，每个月可以挤出几百元去做定投或 ETF（交易型开放式指数基金）。最好不要把那几百元钱就放在账上，那没有意义。

用小小的代价去学习投资，早点犯错，比以后累积了一大笔资金再去学习，最后亏掉一大笔钱要好太多了。

需要记住的是，投资不是雪中送炭，而是锦上添花。我们动辄说 10 年、20 年，就是因为一夜暴富的心态作祟。我们能不能实现财务自由，最重要的是我们能否从本业上赚到足够多的钱。投资只是为了让我们的生活变得更滋润。投资不可能让 0 变成 100，0 到 80 是由本业的积累完成的，80 到 100 才是靠投资做到的。

8. 为什么新手炒股不如买基金？

股票赚钱，基金不赚钱吗？

2014 年 7 月启动大牛市行情，到 2015 年 6 月结束，上证指数从 5178 点下跌至今，也未曾收复失地，炒股被套牢的人不计其数。但在这期间成立了 500 多只基金，截至 2022 年初只有 15 只基金是亏损的。

从长期来看，基金的亏损率在 3%，如果我们把时间拉得再长一点，也许大概率基金都不会亏损。资本市场赚谁的钱？赚接盘侠的钱。不论你是否认同，普通投资者获取信息的速度远远不如机构，散户与机构天然信息不对等。

以一级市场为例，天使轮赚 A 轮的钱，A 轮赚 B 轮的钱，B 轮赚 C 轮的钱，一轮一轮往下套，最后它会在二级市场公开上市，再让二级市场的人去接盘。

二级市场都有什么人？三种角色：大股东、机构、个人投资者。

通常情况下，大股东掌握着第一手信息，大股东套现的风险永远是最低的。机构在市场上拥有绝对的资金优势，有团队的专业优势，有信息差优势。个人投资者有什么？有合力资金，还是有第一手消息？都没有。那么在市场中谁最容易成为接盘侠？显而易见，是个人投资者。

买基金最大的好处是节省时间，分析基金的难度远远低于分析单只个股，省下的时间就是财富，用来阅读、旅行、陪家人不是更好吗？

有人可能会说：基金赚钱好慢啊，个股短时间内就可以赚到几倍的钱。这是幸存者偏差，因为我们只看到了谁在短时间内赚到的钱最多，而 99% 以上的亏损都消失在我们的视线中，看不到不代表不存在。

基金产生收益确实很慢，但你又会发现，持有基金比持有个股更让人安心。除非你是证券行业中的人，要不然最好不要研究股票，它会消耗你大量的时间、精力，还有巨额的试错成本，会影响你的心态、生活，还会影响到最重要的主动性的经营性收入。

有人可能会认为，可以做个股的价值投资，其实买基金也是某种程度的价值投资。大部分的公募基金经理人几乎一整天都在开会，七八个电话会议是非常常见的，也几乎没有时间看盘。因此，基金经理人都是价值型的，他们要在他们的思考逻辑里去发现一些好的标的。他们买进之后，不可能天天去交易，因为根本没有这个时间，所以买基金在某种程度上就是相信该基金的经理人可以帮你挑选好的、有价值的价值投资类股票。

在未来散户虽然不会消失，但也会大幅减少。1976 年美国先锋集团成立了第一支被动投资指数基金，它现在是全球最大的指数型基金公司。创始人在当时预见了一种趋势：在金融市场中生存越来越难，在未来散户一定会逐步消失，市场一定会走向机构化；而在机构化的市场中，只有指数基金才能打败市场上超过一半的主动操作型基金。

2008 年在伯克希尔·哈撒韦股东大会上，巴菲特公开打赌：未来 10 年不会有任何一只主动操作型基金可以打败标普 500 指数，赌金为 100 万美元，最终巴菲特赢了。事实证明，在美国高度机构化的市场中，机构赚机构的钱越来越难。

但在中国 A 股市场中，散户交易量接近总交易量的 60%，机构只占总交易量的 40%。也就是说，现阶段 A 股市场中散户还非常多，所以机构赚散户的钱非常容易。但未来我们也将会走向机构化的市场，外资机构不断地加大投入，我们的社保基金、保险基金、养老基金等也在加大投入，公募基金规模不断地再创新高，未来的机构只会越来越多，越来越大。

这就证明了一件事：个人投资者越来越相信机构，越来越相信散户无法割机构的韭菜。未来我们的市场也会走向高度集中的机构化时代，散户会越来越少。剩下的散户只有两种人：一种是非常厉害的牛散；另一种是懵懂无知、送钱进去的人。

因此，作为个人投资者，我们不如倒戈投向机构去投资基金，自己研究股票的性价比并不高。

第二章

短期资金节流：不要掉进消费主义陷阱

美国行为经济学家理查德·塞勒（Richard H. Thaler）提出"心理账户"这一概念。人们会把收入、储蓄、消费的资金分门别类地划分到不同的心理账户中，并且这些账户相对独立，互不影响。

由于刻板印象，社会上普遍对女性的形象要求高于男性，所以女性的形象心理账户会高于男性，往往愿意花大价钱使自己变得更美。老人的健康心理账户普遍偏高，老人可能买菜时会斤斤计较，对保健品却很舍得花钱。

小额花费很难被精确记账，所以很多广告会说每天只要五角钱就能成为会员。在完全不需要第二杯奶茶的情况下，我们会由于第二杯半价而多买一杯。

因此，我们看到的一切都有可能是消费主义陷阱。怎么办？

1. 资本是如何让你掏钱的？

　　鼓吹消费主义的人常说，你知道你为什么穷吗？因为你有典型的穷人思维，会花钱的人才会赚钱，舍不得花钱的人怎么能赚到钱呢？你不改变你的思维，将来怎么可能有钱呢？

　　这个漏洞百出的逻辑却有惊人的效果。它鼓励你花钱，超前消费，借钱消费，再用你的经营性收入把这个漏洞补上，让你觉得只不过是提前把下个月的收入花掉而已，没什么大不了的。

　　可你想过没有，不但本月的经营性收入会花光，下个月的经营性收入也会花光。若没有积累，哪里有剩余去投资以获取资本性收益呢？如果养成寅吃卯粮的习惯，甚至会提前花掉未来几个月的经营性收入，那么债务会越滚越多，未来很长一段时间内都无法进行资本积累，离财务自由的目标会越来越远。

　　为了满足短期欲望而丢失了长远的规划，这样做不太好。关于我们为什么会陷入消费主义陷阱，可以从两方面来看。

　　据说在 1768 年，库克船长去观察金星凌日现象，开启他的第一次航海之旅。与他同时被派出的还有其他几个国家的船队。由于当时坏血病的致病原因还未知，很多船员死在了航路上，再也没能回到家乡。在长期的海上航行中缺少维生素摄入，很多水手会出现心情沮丧、牙龈等软组织出血的情况，这就是坏血病。库克船长发现，同去的荷兰人船队的水手很少患病，因为他们的船上有一种特殊的东西——酸菜。

　　但对于非荷兰国家的人来说，酸菜的口味实在是太重了，并且当时也没有证据表明库克船长所发现的酸菜是预防坏血病的有效食品，所以大多数船员并没有服从吃酸菜的命令。库克船长采用的办法是只允许高级船员吃酸菜，并且过了一段时间又宣布，表现好的普通船员也可以吃到酸菜。不管酸菜是否好吃，少数人才能吃到就会引起大多数人的嫉妒。又过了一段时间后，库克才宣布，普通水手每周可以吃一次酸菜。

　　这段历史的真实性存疑，却揭示了一个道理：我们倾向于甚至是热衷于模仿所谓上层人士的行为和生活方式，并且古已有之。《后汉书·马廖传》中有："吴王好剑客，百姓多创瘢；楚王好细腰，宫中多饿死。"

　　因此，消费主义陷阱的本质之一是，并不是真实的需求创造了消费，而是攀比心激发了消费需求。

　　即使是从来不买奢侈品的普通人，也会经常刷到奢侈品广告。你以为奢侈品的广告是给潜在买家看的吗？恰恰相反，它们就是给普通大众看的。其目的很简单，反正你也买不起，可你一定知道它好。这样一来，别人用的时候你眼睛发亮，就给予了拥有者想要的尊重和羡慕的眼神。

　　迈巴赫采用双色车身设计，那么高的辨识度不是为了让你买它，而是让你知道它好。这个时候奢侈品带来的是别人的尊重和羡慕，那么拥有者自然就会青睐这个品牌，觉得物有所值，这就是资本对人性的拿捏。

　　现在的年轻人有过不完的节，有种不完的草，藏在背后的都是资本。在经济条件允许的条件下，你花钱买开心并没有错，可一旦开启跟风式、攀比式的消费，自己其实并没有那么喜欢的东西、不需要的东西也要买回来，想着"他有，我也必须有"，那就掉入了消费主义的陷阱。

"看电影不吃爆米花好奇怪。"

"逛街不喝奶茶好奇怪。"

"过节不出去吃喝玩乐好奇怪。"

消费主义背后的资本最擅长的就是营造超出你消费能力范围的物质环境，经过"理论"武装的消费主义陷阱，能满足马斯洛需求理论金字塔的不同层次的需求。

针对低收入群体，消费主义开始聊性价比；针对中等收入群体，消费主义谈的是品位、境界、层次；针对高收入群体，消费主义就讲稀有性、独特性、运势等。

消费主义创造出各种概念，让商品直接与某种人生意义挂钩，触及你的内心，激励你通过超前消费来拥有有品位、有品质的生活方式，给你一个尚不至于过高的价格，让你感觉到生活品质得到了升华，从而奋不顾身地跳进了陷阱。

如果你的资金不多，你就必须有辨识陷阱的能力和自控力，要坚持你自己的想法，有独立思考的能力，明白什么是需要的，什么是想要的。不要盲目地迎合大众的价值观，也不要因为虚荣和物欲去超前消费。当你能够识破花式伪装背后的消费主义陷阱时，你眼中的世界也会变得更加开阔，你也会变得更加自由。

👤 2. 消费贷的真实利率

我们的生活正在被一种财富幻觉所侵蚀。你有没有发现互联网上的有钱人越来越多，大家开口谈论的都是一个亿的小目标？看着网络上的人都在享受生活，可是我们自己只能找到月薪不高的工作，还要不停地加班……

是我们自己太平庸吗？其实不是的，是资本和消费主义正在给你创造一种财富幻觉。我们来看几个真实的数据。第一，国家统计局 2022 年 2 月 28 日发布的《2021 年国民经济和社会发展统计公报》显示："全年全国居民人均可支配收入 35128 元。"平摊到每个月，不到 3000 元钱进账。第二，中国目前的个税起征线是5000 元，根据上海财经大学提供的调研数据显示，在中国只有约10% 的人的月收入水平够资格缴纳个人所得税。也就是说，中国仍然有 12.7 亿人的月收入水平在 5000 元以下。第三，2022 年中国居民平均月收入能够超过 1 万元的城市，在全国一共只有 9 个，包括北京、上海、广州、深圳、南京、杭州、苏州、珠海、宁波。第四，中国人均可支配收入超过 1 万元的家庭占比仅有 0.61%，只要月收入达到 1 万元，就超过了全国 99% 的人。

我们看到社交媒体中的每一个人都那么光鲜亮丽，是因为资本和消费主义只想让我们看见它们想让我们看见的，于是在互联网上，穷人消失了。

人们无论走到哪里，耳边都能够听到"爱自己"的广告，眼睛都能看到"爱生活"的标语。消费主义模糊了你在消费时对自己客观清醒的认识，你的认知把消费和金钱、幸福、地位甚至智商捆绑在一起，似乎你买了什么就会成为什么样的人。可是总有一天你会发现，当你的能力没有办法承载你的欲望的时候，你的梦想就会破灭。

此时资本再次出场，它挥舞着手中的钞票说："来吧，如果你钱不够，我借给你。"互联网技术让借钱这种原本很麻烦的行为变得既轻松又简单。在美好梦幻的催眠下，在资本逐利的诱导下，无数的年轻人成为消费主义的牺牲品。很多人的口袋里面可能从未装过 5 万元，却觉得 500 万元只是个小钱。

每个人都有欲望，这是人之常情，但是广告商往往会设法放大我们的欲望来制造诱惑。现实生活中没有那么多的贵族，有的只是一个个的普通人。物质的富足可以通过更好的理财规划以及资金的合理安排实现，而不是通过无止境地超前消费来获得。我们要学会克制自己的欲望，分清楚什么是想要的和需要的，要打破资本和消费主义给我们营造的欲望牢笼，好好过生活。

我们之所以反对非必要的超前消费，是因为超前消费会让人的欲望拖财务自由的后腿。

贷款消费本质上是负债。对我们大部分人来讲，它会让人麻痹，因为一年利息就 5%，我们会觉得好像可以轻易偿还，所以不断加重杠杆。首先，利率的计算并不是那么简单，更重要的是，很多时候我们的赚钱能力、投资能力根本无法覆盖贷款利息。我们太容易把未来寄托在假想上了。贷款消费只会不断侵蚀我们的资产。

我们先来计算一下贷款消费的真实利率，它可能比你未来投资的回报率还要高很多。某平台分期付款手续费率如表 2-1 所示。

表2-1　某平台分期付款手续费率

期数	手续费率
3	2.5%
6	4.5%
9	6.5%
12	8.8%

其中每期手续费 = 分期金额 × 手续费率 / 分期期数。假设我们超前消费贷款12000元，分12期还清。我们每个月要还多少钱？12000 × （1+8.8%）/12=1088（元），1000元是本金，88元是利息。你认为这很正常吗？其实这并不正常。

我们只有在刚刚拿到贷款后1个月的时间内，才能完全占用这12000元。1个月后，我们还了1000元本金，实际上在未来的11个月中我们只占用了11000元，但我们每个月还是要还88元的利息。

第2个月过后，我们再还1000元，只占用总贷款额中的1万元，还要还88元利息。以此类推，到最后一个月时，我们占用总贷款额中的1000元，同样要付88元利息，这正常吗？

第1个月占用12000元，利息88元，月利率0.73%，合年利率8.8%。

第2个月占用11000元，利息88元，月利率0.8%，合年利率9.6%。

第3个月占用10000元，利息88元，月利率0.88%，合年利率10.56%。

…………

第 12 个月占用 1000 元，利息 88 元，月利率 8.8%，合年利率 105.6%。

这非常不正常。你能想象年利率超过 100% 的利息率吗？在这个案例中，只有第一期的名义利率与真实利率相等，后续每期的真实利率都高于名义利率。

按照上述数据，我们还原真实的利率情况如下：

分 3 期还款，名义利率 2.5%，真实年化利率 14.94%。

分 6 期还款，名义利率 4.5%，真实年化利率 15.27%。

分 9 期还款，名义利率 6.5%，真实年化利率 15.34%。

分 12 期还款，名义利率 8.8%，真实年化利率 15.85%。

这样的年化利率高不高呢？2022 年中国银行利率数据显示：

活期存款年利率 0.3%；

3 个月整存整取年利率 1.35%；

半年整存整取年利率 1.55%；

1 年整存整取年利率 1.75%；

3 年整存整取年利率 2.25%；

5 年整存整取年利率 2.75%；

3 年期国债利率 3.4%；

5 年期国债利率 3.57%。

巴菲特搭上了美国经济腾飞和全球化的顺风车，才能达到几十年内年平均 20% 的回报率。15% 以上的年化利率可以称得上是暴利了。因此，你以为名义上几个点的利率可以轻松还上，但真实情况是你主业的赚钱能力真的不一定能达到每年上涨 15% 以上。借得越多，你的资金被侵蚀得越多。

👥 3. 消费主义陷阱是如何形成的？

需求是资本定义的。

例如一款手表，它最基本、需求最大的功能就是报时，但是普通手表的售价能有多少呢？此时，额外的、不重要的需求就会被摆到台面上。例如，一款普通手表售价 200 元，那么纯机械手表就可以卖到 5000 元，防水、防震、防火甚至防辐射的手表就有可能卖到 5 万元。

现实生活中我们对于手表的需求基本只是报时，手表是否为纯机械制造根本不影响报时，甚至纯机械手表的报时准确率还不如普通电子表。不是在特殊场景下使用，我们也根本不需要手表能防水、防震、防火，所以我们用 99% 的价格购买了 1% 的需求。

资本最善于把无意义的功能、基本不必要的需求绑定到商品上。所谓的层次、格调、小众、潮流、热度、前瞻、概念、面子、尊严、珍稀、运势、品位、境界、层次等，都只是营销热词，与基本需求无关。

人生追求是资本定义的。

一个包、一套衣服、一辆车，并不能真正改变我们的生活，反而会引发我们更多的焦虑。有了好包就要配好鞋、好衣服、好饰品；仅有一套高档穿搭是不够的，不同场合需要不同的穿搭；只有一辆车还不够，不同的场景需要不同款式的汽车。只要一只脚踏进了消费主义陷阱，就很难再拔出来了，很快全身都会陷进去。

2020 年，胡润《中国千万富豪品牌倾向报告》曾统计过千万富翁的娱乐方式，排名前十位的分别是旅游、读书、品茶、美食、自驾车、家庭活动、养宠物、品酒、SPA、钓鱼。真正的富翁所追求的并不是奢侈品，所以拥有一两件奢侈品根本不能代表成功。消费后是不是心虚，只有自己知道。不要把时间花在满足虚荣心的东西上，而应把金钱、精力、时间投给自己。

真正的成功是什么？往大了说是"为天地立心，为生民立命，为往圣继绝学，为万世开太平"；往小了说是让家人和朋友过上幸福的生活。追求这样的成功能减少无意义的消费。

4. 女人比男人更容易冲动消费

著名女哲学家波伏娃在《第二性》中写道："男人的极大幸运在于不论在成年还是在小时候，他必须踏上一条极为艰苦的道路，不过这又是一条最可靠的道路；女人的不幸则在于被几乎不可抗拒的诱惑包围着，她不被要求奋发向上，只被鼓励滑下去到达极乐。当她发觉自己被海市蜃楼愚弄时通常为时太晚，她的力量在失败的冒险中已被耗尽。"

商界有一句话："得女人者得天下！"赚钱能力排在世界第一位的犹太人，也说过赚女人的钱最容易。为什么女人会成为商界的目标？难道女人的消费不遵循经济规律吗？难道女人的钱来得更容易吗？

经济学最基本的假设是所有参与市场交易的人都是理性的，

理性的人都会遵循经济规律做事，以期实现利益的最大化。如果这条假设被打破，那么所有古典经济学原理的基础都将被抽离，所以我们首先要搞清楚的就是人到底是不是都是理性的人。

我们先来看 A 和 B 两种情况。

A：假设你有 1000 元，你有两种选择。第一种选择是你会再得到 500 元。第二种选择是你可以掷硬币，如果是正面，那么会再得到 1000 元；如果是反面，你将一分钱也得不到。

B：假设你有 2000 元，你有两种选择。第一种选择是你会被收回 500 元。第二种选择是你可以掷硬币，如果是正面，你将得到 1000 元；如果是反面，你将一分钱也得不到。

我们仔细看 A 和 B 两种情况，A 和 B 情况中的第一种选择的结果是一样的，都是得到 1500 元。如果我们是理性的人，不论是 A 情况还是 B 情况，都会做出第一种选择。但实验的结果出乎我们的意料，绝大多数人对于 A 情况做出了第一种选择，对于 B 情况做出了第二种选择。

因为对于 A 情况来说，我们的预期收入为 1500 元，如果掷了硬币，就会有风险。对于 B 情况来说，我们的预期收入为 2000 元，为了它，我们甘愿冒一些风险。从这个例子中可以看出，即使是如此简单的数学题，同样的结果，只要表达的顺序不同，表达的方式不同，就会让我们做出不同的选择。我们是理性的人吗？好像并不是。

不要对古典经济学灰心丧气，因为在更大的层面上，我们所做出的选择都是理性的选择。这些非理性的选择只是大环境下的一些噪声，虽然对于整体经济来说影响不大，但对于我们个体来说影响却很大。因此，不要看概率有多大，虽然某件不好的事发生的概率很小，但只要发生在自己身上，它可能就是百分之百。

我们用一个例子证明了很多时候我们并不是理性的人，那么女人呢？

零点调查企业在北、上、广三地进行的针对 18～35 岁青年女性的调查中，从女性价值观、消费观等方面考察了女性非理性消费行为。调查表明：93.5% 的 18～35 岁女性有过多种多样的非理性消费行为，非理性消费占女性消费支出的比重达 20%，52.8% 的女性曾因发了工资，钱袋鼓了而突击消费，46.1% 的女性在心情不好或快乐时有意进行情绪化消费，79% 的女性事后持无所谓或不后悔态度。以上数据来自调查报告《当代都市白领女性的消费行为分析研究》。

虽然不能说男性就绝对比女性更加理性，但在消费问题上，男性确实比女性要理性一些。或者可以说，男性和女性是两种动物，两者的思维方式有着根本的不同。

男性思维通常是目的思维。他们想的是如何解决问题，如何达到目标；而女性思维通常是关联思维，她们想的是这个东西和自己的联系是什么。男性思维指向未来，而女性思维指向当下。

同样是遇到一个新商品，男人想的是这东西能用来做什么，性能怎样，这种思维直接指向一个目的；而女人想的是，这个东西颜色漂亮，样子可爱，看到它心情就好，这种思维直接指向一种关联。

因此，我们再看现在的广告，特别是针对女人的广告，基本上很少说性能如何，更多的是指向某种感觉，指向和你的某种关联。广告都已经不再说用了某品牌的洗发水你的头发会有多柔顺，某品牌服装的质量有多好，某品牌护肤品的效果有多么神奇了；

而展现的完全是商品和女人之间的关联，把商品和女王气质、甜美气质等感觉挂钩，这种关联性直接将女人的消费冲动释放出来，让她们义无反顾地掏出自己的钱包。

这种消费在经济学中被称为冲动型消费。它的定义是，在某种急切的购买心理的支配下，仅凭直觉观感与情绪购买。消费定式的心理构成中，情感因素的影响超出认知与意志因素，顾客就容易接受商品，特别是创新时尚商品通过外观和广告宣传进行情绪刺激，使人们对所能接触的第一件合适的商品立即产生第一印象效应，不愿再做反复的选择与比较，而是迅速做出购买决定。

据统计，女人的冲动型消费大都集中在快速消费品上，而非耐用型消费品，因为购买耐用型消费品通常需要长久的信息收集过程，时间一长就会形成信息过载，心理倦怠，逐渐将冲动消解了。

因此在外形、氛围、触感等方面下足功夫，产品就会受到女人的青睐，就会让女人的消费变得冲动起来。

此外，并非所有男人都是理性消费者，只是男人表现得很含蓄。男人通常喜欢高性能的、高科技的东西，在大多数人的意识中，男人应该有这些东西，所以也就无视了男人的这种冲动型消费行为。

5. 如何远离消费主义陷阱？

（1）正视需求。

仍以手表为例，普通电子表价格在 200 元左右，能满足我们99% 以上的需求。但如果我们还想分享到朋友圈，就要买更贵的表，才能彰显我们的审美层次更高，消费水平更高。但我们真的需要"彰显"吗？我们的需求就是报时，而不是发朋友圈。甚至在人手一部手机的情况下，只为了满足报时的需求，根本不需要购买手表。

别人有表，我也要有。那么需求就发生了变化，买表的需求不再是报时，而是面子。被迫跟风消费，让我们为了根本不需要的需求而消费。

被点赞、被羡慕的虚荣是我们真正的需求吗？如果不是，那就不要为了虚荣心为高溢价埋单。

（2）正视价值。

50元的T恤和500元的T恤几乎没有任何差别，高出的450元是品牌溢价，而且可能越是奢侈品，质量反而越差。曾有一则新闻报道消费者买了一件奢侈品衣服，水洗一次就坏了，反馈给卖家，卖家答复设计产品从没考虑过清洗问题，言下之意是这件衣服只能穿一次，穿的次数多了就不是奢侈品了，同一件衣服穿很多次的人也不是高层次的消费者。

避免陷入消费主义陷阱的最好方法是让使用价值等于交换价值，即商品的用处值多少钱，我们就付多少钱。附加在商品之上的品牌溢价，不属于商品的使用价值。

同样穿着舒适的衣服、同样品质的食品、同样功能的工具，我们可以买价位更低的。当然，为了更高的品质和更高的效率，我们可以付出与使用价值相应的高价格。为可量化的商品功能差异导致的价格差异而付出高价，并不是消费主义行为。

256GB存储量的手机比64GB的更流畅，刚生产出来的食品比临期食品更健康，我们可以并且愿意为之付出高价，因为这是可量化的。而不可量化的就是品牌溢价：名牌包和高仿包的功能差异可量化吗？同品质的在超市的蛋糕和在某咖啡店的蛋糕的差异可量化吗？为不可量化的差异或品牌附加值而付出高价，都可以称为消费主义行为。

（3）正视自己。

正视自己首先要准确定位自己，你的收入有多少？现阶段的目标是什么？长远目标是什么？如果月薪1万元，有必要买一个1万元的包吗？这涉及经济学中的生产可能性曲线。

6. 生产可能性曲线

什么是生产可能性曲线？经济学围绕着"稀缺"二字来讲述一切方法论。资源是稀缺的，那么做任何事都必将付出代价，也就是机会成本。假设我们现在有一些资源，可以用于生产食物和弓箭，如表2-2所示，如果资源全部用来生产食物，便没有更多的资源来生产弓箭，反过来，只生产弓箭也就无法生产食物。既然两种东西都需要，那就根据实际需要分别生产。我们把表2-2中的数据画成一条曲线，如图2-1所示，这条曲线称为生产可能性曲线。

表 2-2　生产食物与弓箭的规划

生产规划	食物（份）	弓箭（份）
规划 A	10	0
规划 B	8	20
规划 C	6	40
规划 D	4	60
规划 E	2	80
规划 F	0	100

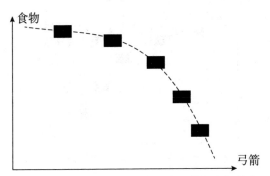

图 2-1 食物与弓箭的生产可能性曲线（横纵坐标单位：份）

不论我们生产多少食品和弓箭，只要在这条曲线上，就说明我们将资源物尽其用，没有浪费。如果我们生产食品和弓箭的数量不符合这条曲线，说明我们没有充分利用资源，产生了浪费，如图 2-2 所示。

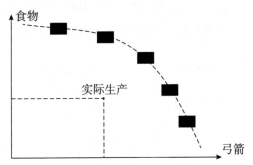

图 2-2 资源浪费（横纵坐标单位：份）

有没有可能生产的食物和弓箭数量在生产可能性曲线上方呢？绝无可能，因为这条曲线是资源利用的最大化。那么怎样才能走到线外呢？革新技术、提高效率，使生产可能性曲线外移。办法或者是有了更多的资源，或者是可以用更少的资源生产出更多的产品，如图 2-3 所示。

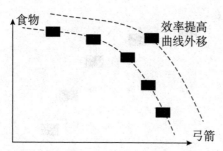

图 2-3　效率提高导致生产可能性曲线外移（横纵坐标单位：份）

把生产可能性曲线应用到生活中，我们应该竭尽全力达到生产可能性曲线之上。假设当前月薪 1 万元，怎么分配这 1 万元，就是我们要考虑的最重要的问题。

如果我们将除去生活必需开支的钱都用于超前消费和冲动消费，而不是用于自我提升或投资，10 年后的生产可能性曲线可能根本不会外移，也就是 10 年后的收入和现在的收入基本相同，因为我们的能力、身价都没有得到提高，如图 2-4 所示。

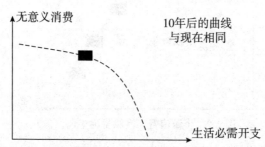

图 2-4　耽于享乐的 10 年后的生产可能性曲线毫无变化（横纵坐标单位：元）

如果我们将除了生活必需开支之外的钱用于自我提升和投资，使自身能力增强、身价高涨，我们的生产可能性曲线就会大幅外移，即 10 年后我们的收入会比现在多得多，如图 2-5 所示。

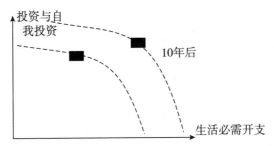

图 2-5　用于投资和自我投资的 10 年后的生产可能性曲线发生外移
（横纵坐标单位：元）

　　资源本身就是有限的，并且做任何事都要付出机会成本。如果某一项选择或决定在几年内都不能使你的生产可能性曲线外移，这些选择和决定都有可能使你陷入贫困陷阱。

　　要让生产可能性曲线外移，第一是提升自身的能力，第二是提高效率，第三是合理地运用有限的资源，这样可以让生产可能性曲线的起点更高，向外移动的速度更快。逃离贫困陷阱，就是在任何情况下都要做出相对正确的选择——尽可能地外移生产可能性曲线。

第三章

短期资金开源：

睁眼看世界

都说选择比努力更重要，但这还不是问题的本质。什么时候选择是最值得的？是你有条件选择的时候才值得。假设你1个月只有1万元的收入，如果剔除生活必需支出共9500元，你还敢选择吗？不敢选择意味着把未来的机会都放弃了，这是最可怕的事情。

东林书院的对联上写着："风声雨声读书声，声声入耳；家事国事天下事，事事关心。"想要开源，就了解天下事，人才向哪里流动，资源向哪里汇集，那么我们就业、创业、投资就要向哪里去。在古代这就是"庙算"。孙子曰："夫未战而庙算胜者，得算多也；未战而庙算不胜者，得算少也。多算胜少算，而况于无算乎？"

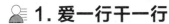 1. 爱一行干一行

埋头干活的时候，更要抬头看路。当然，除了看路，还要看这条路与自己是否匹配。

2022 年参加高考的学生共 1193 万人，可是面临就业的 1076 万毕业生同样不少。两类人群其实面对的是同一个问题，在选专业或找工作时，应该选自己喜欢的还是选热门的？

几年前进互联网大厂，就是职场小白们最开心的事情。因为可以拿到高薪，所以大家都会挤破头进入互联网行业。但是从 2021 年 7 月到 2022 年 3 月，12 家互联网巨头裁员的人数达到 21.68 万人，以前我们认为最好的"香饽饽"一瞬间变成如今市场上很有风险的职业。

国家的发展趋势一直在变化，等你读完 4 年大学之后，社会又发生了很大变化。如果为了当初的几分钟的冲动而做出选择，未来可能要花 10 年甚至更久的时间去为当初的冲动付出代价。

我来说说我自己的故事，在大学的时候我学的是建筑工程，理由非常简单，因为当时这是最热门的行业。我有一个远房的叔叔，他就是房地产开发商，他曾对我说："只要我的公司还在，你毕业了我保证你有饭吃。"所以当时我的父母认为我应该选一个看起来非常赚钱的专业。但是我发现，我的热情支撑不了我未来要走的路，所以后来我毅然决然地去考中国台湾交通大学（今台湾阳明交通大学）财务金融研究所。虽然工作后发现金融行业的工

作强度非常高，但我很开心，因为我喜欢这个行业。

今天有很多人因为不喜欢工作就整天抱怨，不想努力。我觉得很可惜。如果你认为你很努力，但是你得不到好的结果，那么也许工作本身没有错，你的努力也没有错，只是你们不匹配。选择永远是中立的，不管是选专业还是找工作，我都坚信，即便你今天选择热门的行业，未来你一定也会走向自己热爱的行业，那么还不如一开始就选择自己热爱的专业。

2. 银行保本理财清零

睁眼看世界，不仅要看资源在向哪里汇集，也要看资源正在从哪里抽离。以前的银行保本理财有刚性兑付，可以说是除了房地产之外最能汇集资源的价值洼地，我们就从银行保本理财开始说起。

有极度厌恶风险的人表示，他所有的收入只存银行，只买国债，不接受任何风险。银行存款利率低，长期国债利率略高，近些年也很少超过 4.5%，但长期来看通货膨胀的速度远高于 4.5%。如果不打理钱财，只存银行、只买国债，现金就永远处于贬值状态。

有的人思路更开阔一点，可能去买一些银行保本理财产品。银行保本理财产品的年化收益率相对于长期国债要高一些，通常为 4% ～ 5%，并且可以做短期投资，相对于长期国债动辄三五年的投资更加灵活。银行保本理财产品既有高于无风险投资（国债）的收益，投资周期又长短自如，虽然赚得不多，但乐得安稳，可以说是躺赚。

但现在不行了，靠银行保本理财的"躺赚"时代已经过去了。

2018 年 4 月 27 日，中国人民银行、中国银行保险监督管理委员会、国家外汇管理局等部委联合发布了《关于规范金融机构资产管理业务的指导意见》（以下简称《资管新规》），主要规定两点：净值化、打破刚性兑付。

什么是净值化？过去我们买理财产品，不论保本还是不保本，只有到期了才知道是赚是亏，本金增长或减少的过程就像是本金在一个黑盒子里，我们完全看不到，只能看到结果；并且理财产品使用摊余成本法，即将到期持有的收益平均分摊到每一天，这样看起来好像每一天都能赚到等额的收益，那么理财产品的权益曲线是一条直线。

净值化就是要求金融机构每天都公布理财产品的净值，称为市值法，理财资金投向的资产必须每天根据市场的真实情况进行结算，让投资者每天都能看到本金的涨跌，了解市场的动向和波动。

过去银行保本理财产品使用摊余成本法，看起来每天都在赚钱，永远都不亏钱，但监管部门要求任何理财产品都要按市值法计价，还原了投资的真实情况，其实理财产品并不是每天都在赚钱，而是有亏有赚，理财产品是有一定风险的金融产品。

什么是打破刚性兑付？即理财产品不再保本、保收益，保本型理财产品彻底退出了市场。

其实从 2018 年开始，银行理财产品就不再保本保息，而已进入净值化管理。但《资管新规》给了银行 3 年的过渡期，实际上2022 年起才正式实行这一规定。

你可能会问，现在大家都在做股票基金，哪有那么多人还做收益率相对较低的保本理财？其实并不是，保本理财的规模非常大。大到什么程度？保本理财的规模有 4 万亿元，相当于 2021 年北京全年的 GDP 总量（北京 2021 年 GDP 约 4.03 万亿元），至 2021 年底 4 万亿元的保本理财全部清零。

为什么要打破刚性兑付，不再保本、保收益了呢？我们可以从两个角度来看待这一问题。

一是要对 4 万亿元的保本理财保证到期收益，银行面临的风险和压力都太大了。近年来银行利率不断下行，但有很多过去发行的高息产品，对银行来说这是相当大的负担。有一部分银行正在清退这种所谓的隐形的保本类理财产品，在这个过程中也就降低了银行负债端的资金成本。

二是虽然市面上看上去有很多保本理财产品，但这些保本理财的投向也是分散的。实际上大部分资金还在往房地产的上游和下游流入。我们都知道房地产行业是过去 10 年最赚钱的行业之一，银行替客户赚取高收益的同时自己也要赚钱，同时又要承诺刚性兑付，想来想去就只有房地产最适合投资了。

可是现在房地产的政策变化已经导致很多经营不好的房地产企业陆续爆雷，投资房地产变得不再安全，所以如果此时银行还要对一些高收益率的理财产品进行刚性兑付，就会把风险转嫁到自己身上，有可能会拖垮金融机构。

对于打破刚性兑付，央行还给了官方说明："刚性兑付偏离了资管产品'受人之托、代人理财'的本质，抬高无风险收益率水平，干扰资金价格，不仅影响发挥市场在资源配置中的决定性作用，还弱化了市场纪律，导致一些投资者冒险投机，金融机构不尽职尽责，道德风险较为严重。"

从央行的角度来看，第一，资产管理的本质不是保本理财，保本对于资管机构来说压力非常大；第二，保本理财的收益率高于国债利率，资金流向保本理财大于流向国债，那么国债为了吸引资金流，就会抬高利率，保本理财影响利率就是影响了资金价格；第三，刚性兑付的保本理财没有识别违约风险的积极性，而无法对风险进行正确定价的金融市场就是一个缺乏效率的金融市场；第四，刚性兑付有机构兜底，资管不负责任的行为将会失去约束，从而引发道德风险。

其实从整体来看，这并不是一件坏事。它使整个资管行业在相对公平的环境中发展，也鞭策着我们投资者永远保持一颗学习的心。

以前对于绝大多数的理财产品，投资人都习惯只看收益，根本不看风险，一提到银行的理财产品就认为一定不会亏钱。但是现在已经不同了，理财产品本质上就是有风险的投资产品。每一位投资者都必须了解什么是波动，什么是静止，以及什么样的理财产品适合自己。

闭着眼睛买保本、保收益的理财产品的时代一去不复返，正式成为历史。那么那些极度厌恶风险的人、完全不接受本金损失的投资者就失去了一块"风水宝地"，再次面临要么储蓄，要么买长期国债的选择，但这些投资时间长，利率低，相对于通货膨胀，其实际收益率为负，资金购买力不断下降。

所谓你不理财，财不理你。靠着护城河、拉起吊桥就能有效防守的时代过去了，主动出击才能保证自己的资产不被通货膨胀吃掉，要适应全新的市场环境，要用新知识、新方法来武装自己。

既然理财产品不再保本、保收益，那么打理资产的途径基本只剩下权益投资了，它包含实体投资和股票、基金、大宗商品等各方面。这些途径都有波动，都存在风险，那就要看清方向，看清世界未来 10 年甚至更远时间的发展方向。方向错了，跑再快也没用；方向对了，收益反而会追着你跑。

3. 历史上两次股市大涨的驱动力

　　股市周期虽然与经济周期不同步，但股市周期一定受制于经济周期。股市周期是表，那么经济周期就是里。每一次股市大涨都是一次财富的重新分配，所以我们要了解最近 A 股市两轮大牛市和几次小牛市的驱动内因是什么，这不仅是对投资的复盘，也是对就业、创业的复盘。

　　我们常说人定胜天，这是让我们发挥主观能动性，勇于解决问题。有些事做了并不一定能获得成功，但不做一定不会成功。然而，不能把人定胜天理解成人一定可以战胜事物发展的规律。

　　天人合一比人定胜天更高一个层次，所以有"人法地，地法天，天法道，道法自然"的说法。如果人道能顺应天道，便是乘势，乘势便事半功倍。

　　从价值投资的角度来看，仅有好行业、好公司、好价格，并不足以使二级市场回报率最大化。即使是好行业中的好公司，有低廉的价格，这些因素也不足备。橡树资本创始人霍华德·马克斯在《投资最重要的事》中提出一个问题：价格能否在你破产前回归价值？所以在什么时间介入被低估的优质资产，其中还包含时间因素。

　　那么如何理解时间因素？在什么时间，有哪些被低估的优质资产会起飞，是天人合一的问题。

　　先解决什么问题，后发展哪个方面，要全局规划，且先后有序。譬如诸葛亮治蜀，先平孟获，后伐中原，有先有后，有缓有急，有轻有重。这也像我们熟知的事件四维：重要而紧急的事；重要但不紧急的事；紧急而不重要的事；不紧急且不重要的事。

在政策调整中，过热要降燥，遇冷要升温，或提拉，或打压，为的是让事物发展可控可驭。很多人都误解了"政策市"，把这个概念理解得狭隘了，而参与者又以短线操作为目的进场，遇到政策调整使仓位受损便心生怨念。我们要为政策市正名，要正确理解何为政策市。

政策并不是拍脑袋而决百年大计，政策是顺应事物发展的规律而制定的。

天时可以看作有周期的波，自有其运行的规律，如康德拉季耶夫的长波周期、朱格拉的中波周期、基钦的短波周期。政策虽然一般是"离散函数"，而不是波，但也能在适当的时候起到推"波"助澜的作用。

21世纪初，中国想成为工业强国，就必须进行城市化，而中国彼时的工业化程度远远高于城市化进程，所以想要再度促进工业化，必须加快城市化进程。城市化进程中矛盾集中点就在于楼市。经过改革开放以来20年的发展，人民生活水平更上一层楼，手中有了多余的钱，也有了资产保值和增值的需求。

因此自20世纪90年代推进的房地产改革，在工业化的拉动下，于21世纪全面爆发。

2005年之前的房地产板块即便是好行业，有好企业、好价格，也无法达到最大的资金收益率，而 2005 年之后，政策导向与发展趋势吻合。政策的推波助澜使房地产板块的收益率达到了最大化，此即天人合一。

2007 年的牛市以房地产与房地产周边为代表。如有色板块上涨 26 倍，建材板块上涨 13 倍，电力几轮上涨 13 倍，机电板块上涨 11 倍，煤炭板块上涨 10 倍，石油化工上涨 10 倍。与之相关的汽车板块上涨 9.7 倍，金融板块上涨 9.6 倍，贸易连锁上涨 9.5 倍，钢铁板块上涨 9.3 倍，食品加工上涨 9.3 倍，土木工程上涨 9.3 倍。

2007 年的牛市处于康德拉季耶夫周期的向上发展阶段。彼时中国各大企业现金充裕，人民拥有极强的购买力，而房地产与房地产周边是一个极长的产业链，覆盖面广，所以一荣俱荣，2007 年之前，各产业链与各产业链节点上的企业都有不俗的业绩。我们可以称 2007 年为业绩牛。

据国家统计局 2019 年数据显示，全国常住人口、户籍人口城镇化率已经分别达到了 60.6%、44.4%，已经大踏步地追赶上了工业化率，所以从目前来看，自 2013 年至 2014 年始是楼市的最后一轮涨幅。2018 年，国家出台了几项政策，其导向为房价不宜继续大幅上涨，但也不能任其下跌，属于一种锁定式的状态。2018 年全年，大部分省市的房价下跌 20% 左右，部分省市略有回升。

再回到 2013 年与 2014 年，中国在发展全产业链、满足物质与精神生活、推动城市化进程以推动工业化等任务都已基本完成的背景下，以互联网为发展基础，大力推动互联网创新、创业。

据统计，1782 年至今的五次康德拉季耶夫周期中的主导技术创新分别为：第一波的纺织工业与蒸汽机技术；第二波的钢铁和铁路技术；第三波的电气和重化工业；第四波的汽车和电子计算机；第五波的自 1991 年始的信息技术。

信息技术以互联网技术为代表，要解决的根本问题还是降低成本与提高效率。可以说历史上的几次工业革命都没有脱离这个元命题。

中国有得天独厚的发展优势，互联信息技术的节点越多，互联的效果越会呈指数级增长。中国人口众多，基础设施建设完备，终端手机有以小米为代表的低价量产的能力。放眼全球，中国在互联网产业的优势独一无二，所以下一次的主导技术创新甚至是产业革命、工业革命，大概率发生在中国。

2015 年的牛市处于康德拉季耶夫周期的第一个回落阶段，全球经济降温。2008 年金融危机后，中国放出 4 万亿元的经济刺激，现金供给量极大。2013 年又放开了保险与金融业务。在二级市场中两融业务全面开放，且提出了"互联网 +"的政策导向，除了实体经济外，大部分资金除了房市外无处可去，证券市场成为不二选择，所以催生了 2015 年以互联网创新为基础的牛市，但过量的资金供给是催生牛市的主要原因。我们可以称 2015 年为资金牛。

如果在 2013 年之前投资互联网企业的人低估了优势资产，也无法实现资金收益的最大化。政策给出互联网领域的全民创业、万众创新的导向，为处于发展中的互联网产业推波助澜，此即天人合一。

2015 年的牛市以网络应用与创新为代表。计算机应用上涨 21.7 倍，网络传媒上涨 14.2 倍，通信运营上涨 12.6 倍，通信设备上涨 11.5 倍。与之相关的代表设备上涨 10.8 倍，证券保险上涨

10 倍，计算机上涨 9.5 倍，汽车配件上涨 9 倍，电力设备上涨 8.7
倍，电子元器件上涨 8.1 倍，环保板块上涨 7.8 倍，机场港口上涨
7.8 倍，医药板块上涨 7.3 倍，家用电器上涨 7.3 倍。

现在让我们回过头去回答霍华德·马克斯提出的问题——价
格能否在你破产前回归价值？这只有两种办法：活得足够长，只
是等待着，早晚有一天会轮到你手中的低估优质资产起飞；或者
定向"择时"，根据事物发展的规律，寻找政策的推波助澜节点，
即寻找操作的节点。

离我们最近的一波是从 2019 年初到 2021 年的上涨，是谁引
领的呢？我们可以从首富名单的变化中找到答案。

4. 从富豪榜来看中国各阶段的发展方向

2022 年福布斯全球亿万富豪榜发布，进入前二十的中国企业
家你知道是谁吗？是马云吗？不是。阿里巴巴创始人马云只位列
第 66 位，在其之上的中国香港的李嘉诚排名第 39 位，腾讯 CEO
马化腾排名第 35 位。值得关注的是排名第 32 位的宁德时代创始
人曾毓群和排名第 16 位的农夫山泉董事长钟睒睒。钟睒睒也是福
布斯富豪榜中的中国第一名。

全球亿万富豪榜和我们有什么关系吗？当然有关系，关系还非
常大。但我们所关注的并不是谁的名次上升或下降了，我们要关注
的是中国上榜富豪所代表的财富是什么，它背后折射出了中国经济
增长的特点和行业的变化。我们普通人如果能把握住时代的变迁脉
络，也许就能搭上新一班财富增值的快车，找到新的机会点。

　　回顾过去 20 年中国首富的更替，我们会发现它与行业的发展息息相关。2013 年之前，中国的首富大部分集中在制造业，如比亚迪汽车的王传福、东方希望的刘永行、娃哈哈的宗庆后和玖龙纸业的张茵，都是做实业的企业家。也就是说，10 多年前中国经济基础建立在实业之上，以实体经济发展为主。在那个年代只要下海经商，开厂做生意，大概率就有机会赚到钱。

　　2013 年之后，我们迎来了房地产发展的黄金期。飙升的房价远远超过了工资的涨幅，造就了一大批地产首富，如万达的王健林、恒大的许家印等，他们每年的资产以倍增计，不断刷新富豪资产的记录。

　　直到 2018 年互联网行业风起云涌，电商、软件、金融科技等互联网产业使马云蝉联了 3 年的首富。

　　今天，钟睒睒凭借着实业一跃成为 2021 年的中国首富榜的顶流，首富名号在房地产和互联网行业中轮转 8 年之后，大量的实业家富豪又重新回到榜单上。

　　也许实业企业家重回富豪榜前列，与 2022 年的房地产调控和互联网反垄断有一定的关系，但是我们也不难发现，实体经济已经成为未来 10 年国家经济发展的重要方向。特别是制造业和新能源成为实体经济的典型代表，这可以从宁德时代创始人曾毓群的上榜看出来。

　　在 2022 年的百富榜中，制造业上榜的人数和财富增长都位居各行业第一名，并且先进制造行业占了制造业上榜总人数的六成，不难看出先进制造正在成为下一个财富风口。

　　2020 年双循环的概念提出后，我们向消费要增量，向投资要质量。所谓质量指的是行业投资要向高端制造靠拢，要向先进制造业转型。投资资本真正成为实业发展的动力，它会使中国的经济基础更加稳固，使中国在全球产业链中凸显竞争优势。这是有利于国家发展的正确道路，也是我们下一步要走的路。

以曾毓群为例，他在 2022 年以 3200 亿元的资产成为中国百富榜的第三名，其财富的增长是 2021 年的三倍。作为新能源汽车新势力的代表，小鹏汽车 CEO 何小鹏从 2020 年开始连续上榜。同类的小康控股也成为资产增速最快的企业之一。这一现象就说明了在碳中和与碳达峰的目标提出之后，清洁能源和绿色经济开始成为未来国家重点发展的方向。

时代造就产业，也造就个人，但是财富从来不会永远只归属任何一个人，它永远在转移、变化。当我们回看百富榜的变迁时，你可以看出中国发展的各个阶段。企业家可以乘着国家和时代的东风顺势而上，我们普通人一样可以借助东风。你要么投资这个方向，要么往这个方向就业，要么往这个方向创业。只要你勤勤恳恳、脚踏实地，迎接时代的机遇，就有可能创造属于自己的历史，这才是中国财富故事最好的剧本。

最近几十年里，决定财富的关键是什么？2000 年以前可能是工资。2001 年中国正式加入 WTO（世界贸易组织），中国制造崛起，在 2008 年金融危机之前的 8 年时间里，只要敢创业，就有机会暴富，与行业无关，因为全世界的公司大部分都来找中国给它们做加工、做代工、做制造。只要你敢开工厂，你就能够招到工人，你就能赚钱。可是 2008 年由于美国房地产次贷引发金融危机，所有的国家都在采用宽松货币政策，导致 2008 年到 2018 年的 10 年间，房地产迎来了一波非常大的行情。在这段时间中，只要你手里有房，闭着眼睛财富都会增值。2018 年贸易战开始后又不一样了，中国对房地产去杠杆、房住不炒坚定不移。

中国有如此之多的好公司，股市在这样的低位又是有如此吸引人的价值洼地。风险是涨出来的，机会却是跌出来的，未来 10年或者说下一波财富的增长在哪里？要我说，一定是股权投资。

小富靠能力，大富靠运气。任何人的成功都离不开顺势、借势，那么这个"势"是从哪里来的呢？

5. 政府引导基金

LP（Limited Partner）称为私募基金出资人，是基金的有限合伙人。GP（General Partner）管理资金、投资，是基金的普通合伙人。

国内最大一类 LP 是政府产业引导基金，如中央政府基金、国家集成电路产业投资基金（大基金）、地方政府基金（如深圳市引导基金及管理机构深圳创新投资集团有限公司）等。

这类基金的特点是 LP 不直接参与投资，投资由 GP 负责，一支私募基金可能有很多位 LP。政府引导基金也并不都是直接投给项目，而是投给其他的基金，这类基金就是基金中的基金（FOF）。多数引导基金投向战略新兴产业，而不允许投给基础设施和房地产，这是有别于 PPP 模式的基金。

2005 年，发改委、财政部明确地方政府可以设立创业投资引导基金。2007 年修订《合伙企业法》。2008 年国务院表示：要发挥财政资金的杠杆放大效应，增加创业投资资本的供给，克服单纯通过市场配置创业投资资本的市场失灵问题。

我们回顾一下液晶电视面板出货量全球第一的京东方的发展历程。20 世纪 90 年代至 21 世纪初，显示设备以 CRT（显像管电视）为主流，中国各地建设大量的 CRT 工厂。但此时国际上最先进的显像技术是平板液晶技术，中国完全依赖进口。中国花了 20 多年才让彩电工业价值链的 95% 实现本土化，因为技术落后，价值链还是得依赖进口。

2001 年至 2006 年期间，三星、LG、奇美、友达、中华映管、瀚宇彩晶等厂商联合操纵市场，使液晶面板的成本占到电视机总成本的 80% 以上。

北京电子管厂（京东方前身）当时从韩国收购生产线，已具备生产小型液晶显示面板的能力。9 家银行组成银团，贷款 7.4 亿美元，北京市政府提供 28 亿元人民币，以国资委全资公司北京工业发展投资管理有限公司为借款主体（后转为股份）。

结果京东方命运多舛，刚刚引进先进生产线便遭遇了行业周期向下拐头，2005 年至 2006 年亏损 33 亿元，9 家银行组成的银团同意银行贷款展期。在此期间，液晶面板下游厂商 TCL、创维、康佳、长虹等苦于液晶面板依赖进口，所以想联手京东方解决大屏幕 6 代生产线。但这笔投资预算高达上百亿元，几家公司想请深圳市政府投资。日本夏普闻风而至，游说深圳投资 280 亿元建设 7.5 代生产线，迫使京东方出局。但夏普最终并没有与深圳合作，一个月后谈判终止。此后上广电又欲与京东方联手找上海市政府投资，夏普使出同样的手段，再次迫使京东方出局，同样夏普也没有和上海继续合作。

京东方在煎熬中度过了两年，2008 年，京东方向成都两家城投公司定增 18 亿元，国开行牵头贷款 16 亿元，总投资 34 亿元，在成都建立 4.5 代生产线。

同样在 2008 年，只有 161 亿元财政收入的合肥政府欲投资 172 亿元建 6 代生产线，合肥政府的两家城投公司承诺出资 60 亿元，其他部分向社会筹资。如果筹资不顺利，合肥兜底投资 90 亿元。值得庆幸的是社会筹资非常顺利，合肥最终出资 30 亿元，8 家社会投资机构出资 80 亿元，国开行再次牵头贷款 75 亿元。

在这个过程中京东方也担忧夏普再来扰局，所以事先询问合肥政府夏普再来将如何。合肥政府承诺不受夏普蛊惑。最终合肥成为中国光电显示产业的中心。

2009 年 6 月，合肥 6 代生产线开工建设。同年 8 月，北京亦庄 8.5 代生产线开建。看到中国政府投资战略新兴产业的决心后，外资厂商纷纷与国内厂商合作，但都未经中国政府快速批准，这为京东方的发展赢来了宝贵的时间。

我们再来看政府投资光伏的历程。20 世纪 80 年代，美国光伏的市场和产能占全球 85%，油价回落后放缓光伏发展，光伏大旗由德、日两国接了下来。

2001 年，施正荣创办尚德，施正荣占尚德 25% 的股权。无锡的 3 家政府投资平台、5 家国企出资 600 万美元，占尚德 75% 的股权。

2005 年，尚德在纽交所上市，高盛收购了全部国资股份，施正荣成为当年的全国首富。各地纷纷效仿上马光伏产业。2010 年海内外上市的中国光伏企业已经超过 20 家。

2008 年尚德大规模扩张，高负债经营，2011 年提出口号：5

年内再造一个尚德。但当时光伏成本太高，产品很少用于国内装机，多用于出口。光伏发电不稳定，电网也不愿接入，所以光伏发展进入缓慢期。

2011 年底，美国与欧盟对中国光伏产业进行反倾销、反补贴调查，关税上升，光伏出口遭遇重创，大量光伏企业倒闭，包括当时光伏产业规模最大的尚德和塞维。

为了应对危机，国家对光伏发电每度补贴 0.6 元，分布式光伏发电每度补贴 0.42 元，这些钱进入了可再生能源发展基金。2016年至 2017 年，补贴有所下调，但由于光伏技术的飞速进步，成本下降，装机量上升，中国光伏产量占全球 73%，装机量占全球 51%。

2018 年，欧盟取消双反调查。2019 年中国推出固定电价补贴，由市场竞价，光伏发电成本逼近煤电成本，可平价上网。2020 年，中国光伏企业股价飞涨。

京东方是政府资金直投，光伏产业是以补贴的形式刺激产业发展，带动技术进步，当技术进步使成本大幅下降后，国家退出补贴。可以说政策指向哪里，资源就涌向哪里。

战略新兴产业是长期战略政策，背后有政府引导资金领投、社会资金跟投，资源汇集的大方向已经非常清晰了。

（本节数据来自兰小欢《置身事内》。）

6. 互联网将要变成传统行业吗？

政府引导基金主要投向战略新兴产业，互联网是否属于战略新兴产业？

据工信部在 2022 年一、二月份的统计数据显示：中国规模以上互联网和相关服务企业（以下简称互联网企业）的营业收入总和约为 2223 亿元，同比增长 5.1%，但是它的增速却比2021 年全年回落了 16.1%，实现利润 135 亿元左右，同比下降 7.4%。

以往月度增速通常在 20% 以上的互联网企业，在 2022 年月度增速首次跌破了 10%，同时各大厂均出现裁员潮，让人不禁联想：难道互联网企业也转变为传统行业了吗？

互联网的本质是流量，也就是看人头。当人口红利消耗殆尽的时候，流量的增速也就结束了。

我们可以类比过去依靠人口红利崛起的中国移动。2003 年开始，移动互联网借由大量价格低廉、功能齐全的山寨手机，将白牌手机迅速推向城乡地区。使用者月度增速也是 20% 以上，有着这样的发展势头，股价也是扶摇直上。如图 3-1 所示，图中最高点为 2007 年 10 月，但人口变化并不大，当人口红利消耗殆尽的时候，增速自然也就放缓了，股价也就回归理性了。

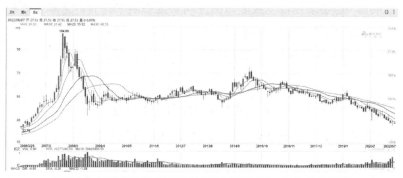

图 3-1　中国移动在美国股市 2006 年至 2020 年月线走势图

　　想要股价上涨，就要想办法创造第二个增长点。当时在广告和电视剧中就出现了"双枪侠"：两部手机，一部办公事，另一部办私事。现在有些人可能还有这个习惯。

　　但我们每个人只有两只手，所以天花板很快就到了。中国移动是国企，它有天然的"护城河"，现在的互联网企业几乎都是民企，依靠人口红利所创造的利润非常大，但红利用完后，它却没有"护城河"，它的人才优势和资本优势反而可能变成它的负担。

　　很多互联网企业转型进入实体行业，比如腾讯和阿里巴巴在绿电领域中做了一些尝试。在国家提出数据安全之后，数据安全也瞬间被引爆，这也提供了互联网人才转型的方向。互联网企业是不是已变成传统行业，我们无法下定论，但互联网需要给自己一个转型的机会了。

　　我们再重点聊一下华为。华为2021年报数据显示全年营收下降28.6%，是华为史上营收最差的一年，比2020年暴跌2500亿元。其中最明显的就是手机业务，因为科技制裁"卡脖子"，使它按下了暂停键。但是它的整体利润上升了75.9%，这意味着它过去投入研发的方向是无误的。表面上研发费用还是一样在高位运转，占全年营收的22.48%，但很多在科创板上市的公司研发费用平均只占全年营收的5%，这意味着华为对外面的挑战已经做了防御的动作。

　　华为赚钱都是赚未来的钱，所以华为干的事情一定是未来的大的赛道，其今天会去投入研发的东西，或者投入大规模生产的东西，一定是未来的机遇。华为拿下大规模的储能项目，这个方向是极有潜力的，而且现在有些基金已经在申请做储能的ETF。

　　不管是水力发电、风力发电、光伏发电还是核能发电，所有产生的电能最后都要储备下来，这才是核心技术。华为向储能进军，储能赛道很可能会被引爆。

有人可能会说，储能早就被炒过一波了，以后没机会了。图 3-2 为储能概念指数 2021 年 4 月至 2022 年 6 月的日线走势图。

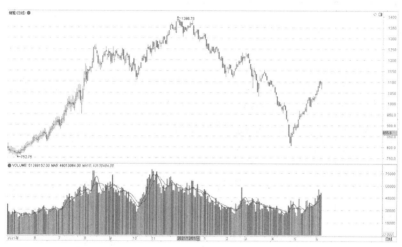

图 3-2　储能概念指数 2021 年 4 月至 2022 年 6 月日线走势图

根本不是这样。储能虽然在 2021 年被炒到很高，但图 3-2 中显示，它经过 2022 年上半年的下跌后，已基本回到起涨点。而且从实业的角度来看，2030 年我们的目标是碳达峰，要到 2060 年时才能达到碳中和，还有近 40 年的路要走，技术研发、装机量、量产能力等还有很深的护城河可以挖掘，远没有达到饱和的状态。

华为的另一条路是鸿蒙系统。如果鸿蒙系统得以推广，对全球经济格局会有哪些影响？第一，会打破科技垄断。从 PC 端到移动端，我们使用的都是微软、安卓、苹果的底层系统。如果可以绕开美国的技术垄断，我们的设备安全是不是更有保障呢？第二，中国科技界和世界的关联会更加紧密，让更多的人体验到中国科技的力量。第三，科技领域的商业行为更加可控、低风险。

7. 储能是实现双碳目标的必由之路

由于华为已进军储能行业，我们来详细聊一下储能。

在第七十五届联合国大会上，习近平主席提出"二氧化碳排放力争于 2030 年前达到峰值，努力争取 2060 年前实现碳中和"。

想要碳达峰，就必须减少碳排放，即必须减少化石能源使用量，所产生的能源缺口就要由风、光等可再生能源来填补。由于电力无法大量存储，化石能源的优势就在于它天然处于储备状态之中，以火电为例，用电多就要多烧煤，用电少就少烧煤，自主可控。但风、光有高随机性，并不受控于人，它并不在乎我们现在要用多少电。

实现碳中和，减少化石能源的使用量，好处是减少了碳排放，坏处是无法调节用电峰谷。怎样才能实现用电峰谷调节？储能。简单来说就是要造很多电池。用电低负荷时，给大电池充电；用电高负荷时，让大电池放电，起到削峰填谷的作用。

因此，要想实现碳达峰、碳中和，就要大力发展风光能源；要想大力发展风光能源，就要大力发展储能行业，储能是风、光能源无法绕开的瓶颈。

从 2021 年开始至 2060 年，储能发展大致分为两个阶段：即 2021 年至 2030 年实现碳达峰；2030 年至 2060 年实现碳中和。

第一阶段还可以再细分为两个阶段："十四五"阶段（2021年至2025年）和"十五五"阶段（2026年至2030年）。"十四五"阶段：从各地的"十四五"规划中可以看到，各省市地区的风光能源发展虽然很快，但发展程度并不高，总体配置率较低，现有储能设备解决削峰填谷的问题并不大。"十五五"阶段：2030年碳达峰，即碳放量达到峰值，不再升高。那么其后所有的增量用电都将由再生能源发电完成。

这三个阶段中，预计储能行业发展的年复增长率约为34%，30%和7%。2030年至2060年太远，目前我们可能还看不到那么远，但在未来的10年中，还是能相对确定以碳达峰为目的的风光能源、储能行业将得到高速发展的。

储能产业链大致可分为发电侧、电网侧和用电侧。

发电侧储能的主要目的是增强电力系统调峰备用容量。短期可提供工频调节服务；中期可提供启停、爬升服务；长期可提供发电容量、稳定可再生输出、能源转变、避免剩余电能或最小负载问题、黑启动、低谷发电等服务。

电网侧储能的主要目的是解决电网的调峰调频、削峰填谷、智能化供电、分布式供能问题，提高多能耦合效率，实现节能减排。短期可提供提升短期表现、提供系统惯性、提高电能质量等服务；中期可提供平缓间歇电源输出、提高系统可靠性等服务；长期可提供避免输电阻塞费用、延缓系统升级等服务。

用电侧储能主要用来提供峰谷调节、供电能力和可靠性等。短期提供维持电能质量服务；中长期提供减少系统中断、整合间歇分布式发电、优化销售价格、不间断电力供应等服务。

2025 年储能年需求空间为 400 GWh；2020 年至 2025 年累计为了 1 TWh，新增储能年复合增速 34%；2030 年碳达峰，储能年需求空间为 1.25 TWh；2020 年至 2030 年累计为 3.9 TWh，新增储能年复合增速约 30%；2060 年碳中和，储能年需求空间为 10 TWh；2020 年至 2060 年累计为 94 TWh，新增储能年复合增速 7%。

碳中和是国家发展战略，实现碳中和必须发展风电光伏，为了削峰填谷，必须发展储能。风电光伏不论发电侧、电网侧还是用电侧，在未来 40 年都会有着极高的装机量，那么储能设备也会随之增多，并且容配比会不断升高。储能行业的未来增长空间极大。

8. 崛起的海南自贸港

海南将超越香港吗？1988 年是改革开放的十周年，这一年海南从广东省脱离，成为海南省。看到深圳成为经济特区之后飞速发展，再加上中央倾泻而来的优惠政策，海南对未来发展也充满了希望，但是这一切都反映在海南的房地产市场上面。总人数不过才 655.8 万人的海南出现了两万多家房地产公司，房价更是从 1300 元 / 平方米狂飙到 7500 元 / 平方米。可是那时候，海南省平均月工资才 200 多元。

炒房带来的巨大财富席卷了海南岛，不过很快一个浪就把海南打醒了。1993 年的下半年，国家决定全面严控银行资金进入房地产，海南的房地产迎来了最致命的打击，从百废待兴到烂尾楼林立，也才过了两年的时间。海南这个小岛上有 600 多栋烂尾楼、18834 公顷的闲置土地，还有 800 亿元的资金积压在上面，这些房地产泡沫直到 2006 年才被消化掉，"天涯海角烂尾楼"成为当时海南的代名词。

在处理完炒楼风暴之后，海南又拥有了第二次新生的机会。2010 年 1 月 4 日国家决定将海南建成世界一流的国际旅游岛，大量的资本再次涌入海南，楼市再一次疯狂起来。一年的时间房地产涨了 50%，但是海南与国际旅游岛还相差甚远，因为海南与中国其他地区有一道天然屏障——琼州海峡。交通的限制也让 2018 年的中国旅游城市排行中，海南仅有三亚排名在全国的第 47 名。

随着国际一流旅游岛梦想的破灭，海南的房地产又剩下了一地鸡毛，两次错失的机遇让海南政府去房地产化的决心达到了顶点。2020 年，又一个周期开启了，海南从自贸区升级成自贸港，过去房地产困住了海南 30 年，今天是时候跟它说再见了。但错失良机的海南这一回能乘着政策之风再次发展吗？

海南作为全国最大的经济特区和最年轻的省份，它的地理位置非常特殊。如果我们站在整个世界的角度来看海南，你会发现它处在一个区域的核心位置。首先从东南亚来说，海南的西边是越南，东边和南边隔着南海，与菲律宾、印尼等国家毗邻。这些国家不仅在文化上跟中国有相似性，产业上也有互补性，加强与东盟国家的联系，形成利益共同体，对于推动东盟自贸区建设至关重要。

南海是世界贸易和能源运输的交通要冲，是中日韩以及东南亚各国的海上生命线。根据统计，目前南海承载了世界 50% 以上的贸易货运量、50% 以上的天然气和原油输送量，也就是说，如果控制了南海，就控制了这些国家的贸易能源生命线。如果我们能通过海南的自由贸易港让南海繁荣起来，那么就能够给周边的国家带来巨大的利益，与南海周边的国家加强经济合作。想要实现这一点，打造一个繁荣的海南至关重要。

　　海南升级为自由贸易港，可见国家开发的决心，有政策就会有资源涌入，这是就业、创业、投资的方向之一。

　　图 3-3 为海南自贸概念指数 2020 年 9 月至 2022 年 6 月的日线走势图，自 2022 年 9 月该概念指数编制以来，从最低 2230 点一路震荡上行至 2021 年最高点 3845 点，目前随大盘下跌，但略显强势。

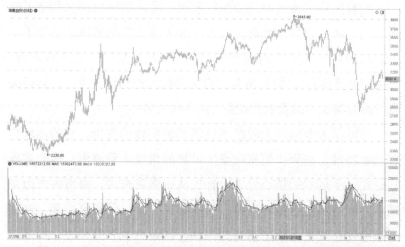

图 3-3　海南自贸概念指数 2020 年 9 月至 2022 年 6 月日线走势图

　　我们再来看一个有关海南板块个股的复盘，海南发展原名为中航三鑫，是一家挣扎在盈亏平衡线上的企业。2017 年至 2019 年，海南发展连续 3 年扣非净利润亏损，分别亏损 0.25 亿元、0.41 亿

元、0.21 亿元。之所以没有退市，是因为它的净利润分别为亏损
0.1 亿元、盈利 0.33 亿元、盈利 0.51 亿元，即海南发展是靠非经
常性收益保持净利润没有连续 3 年亏损。

2020 年 2 月到 8 月，仅 7 个月的时间，海南发展的股价由
5.09 元上涨到 25.5 元。一家业绩如此之差的公司，为什么股价会
出现巨大的涨幅呢？最重要的原因是海南自由贸易港。

2018 年 4 月 13 日下午，国家主席习近平在庆祝海南建省办经
济特区 30 周年大会上宣布，党中央决定支持海南全岛建设自由贸
易试验区，支持海南逐步探索、稳步推进中国特色自由贸易港建
设，分步骤、分阶段建立自由贸易港政策和制度体系。（注意关键
词：试验、探索、分步骤、分阶段。）

2019 年 11 月 8 日下午和 9 日上午，中共中央政治局常委、国
务院副总理、推进海南全面深化改革领导小组组长韩正在海口分
别主持召开专家座谈会和领导小组全体会议，研究讨论海南自由
贸易港建设政策和制度体系，部署下一步重点工作。（注意关键
词：研究、讨论。）

2020 年 3 月 15 日，由海南省委深改办（自贸办）主办的海南
自由贸易港官方网站正式上线。2020 年 3 月 16 日上午，海南省委
书记刘赐贵主持召开省委深改委暨自贸区（港）工委会议，研究部
署加快推动建设自贸港相关工作。2020 年 4 月 13 日，商务部自贸
区港司司长唐文弘表示，将加快推进海南自由贸易港建设，推动形
成开放新格局，打造中国面向太平洋和印度洋的重要开放门户。

2018 年和 2019 年，在海南自贸港的问题上，活动和政策都
比较少，而在 2020 年活动和政策明显变多了，这就是我们要关
注的"消息密度"。为什么 2020 年出现了高密度消息？解释见仁

见智，可以从很多角度来谈。我们可以理解为，这是正常的工作速度，到2020年恰好之前的准备工作都已完备；也可以理解成中美贸易战后，中国加快开放脚步，打开出口增量的新局面等。总之，不论原因是什么，2020年初的高密度消息就已经告诉我们结果了。

海南自贸港概念股有42只，很多海南自贸港概念股在2020年4月后都有不同程度的上涨，但或者上涨幅度不高，或者上涨时间不长，只有海南发展一骑绝尘。那为什么只有海南发展的涨势最好呢？

我们先从2019年12月末的消息开始梳理。2019年12月26日晚，中航三鑫发布公告称：公司收到控股股东航空工业通飞通知，航空工业通飞及其下属子公司中国贵州航空工业（集团）有限责任公司、深圳贵航实业有限公司拟以非公开协议的方式向海南省发展控股有限公司转让其合计持有的股票不超过2.2亿股，占公司总股本的27.38%，此次转让完成后将导致公司控制权发生变化。

这则公告的意思是说，中航三鑫的几个大股东不想继续参与经营了，想把自己的股份转让给海南控股。由于转让股票数量较多，如果交易达成，海南控股将成为企业实际控制人。这是一则利好消息，中航三鑫经营不善，现在有人接盘，注入新的管理层。

海南控股是海南省政府为了引进重大项目，带动省外资金投资海南，推进省内重大项目实施，促进海南经济发展而设立的综合性投资控股公司，由海南省国资委履行出资人职责，是海南唯一AAA级资信评级的国有企业。

也就是说，如果交易达成，企业实控人将变成海南国资委。需

要注意的是，中航三鑫是中航系央企，如果股权转让成功，中航三
鑫将会由企央降级为地方国资企业。不过，火烧眉毛，且顾眼前，
海南国资委的企业在海南自贸港概念中的发展空间非常大。

　　但要注意，公告中的"拟"字本义为"揣度、猜测"，后又有
"类比、效仿、打算、起草"等意。拟，就是打算，而打算的事情
并未成为现实。2020 年 4 月 9 日消息，相关工作人员表示：目前
股权转让已经拿到了国资委批文，下一步是深交所方面的合规性
审核，然后到中登公司变更股权、完成换届，现仍在正常的推进
中。批文到手，表示本次交易如果没有重大变化的话，可以等同
于交易达成了。

　　再看后续消息：2020 年 5 月 28 日晚公告，海南控股收购中航
三鑫 27.12% 股权事项已完成股权过户登记手续，海南控股成为中
航三鑫第一大股东，实控人由中国航空工业集团有限公司变更为
海南省国资委。

　　2020 年 6 月 1 日，中共中央、国务院印发了《海南自由贸易
港建设总体方案》，并发出通知，要求各地区部门结合实际认真贯
彻落实。2020 年 6 月 3 日，海南自由贸易港 11 个重点园区同时挂
牌，海南省把 11 个重点园区作为推动海南自由贸易港建设的样板
区和试验区，利用制度创新优势，率先实施相关政策和进行压力
测试，推动海南自由贸易港建设加快发展、创新发展。

　　2020 年 8 月 24 日，海南公布了中英文《2020 年海南自由贸
港投资指南》，该投资指南旨在结合《海南自由贸易港建设总体方
案》，全方位展现海南自由贸易港的投资政策、投资机遇、投资区
域、投资促进机构等投资要素，为有意向在海南开展投资和经贸活
动的全球投资者提供指引。在中航三鑫更名为海南发展之后的三个

月内，出现了高密度的消息，刺激股价继续上涨。

9. 一个人可以支撑起多大的市场？

一个人可以支撑多大的市场？13万亿元。

2018年重庆金羚羊电子商务的旗下品牌自嗨锅问世，这是一个成立不到4年的品牌。它在一场直播中卖出10亿元产品，C轮估值已经达到5亿美元。自嗨锅让大多数年轻人吃上了独食。

你有没有遇到过这些情况：去餐馆吃饭，去上个卫生间回来碗筷就被收走了；吃饭吃到一半，被要求和隔壁的人并桌，和陌生人共进晚餐。几年间几乎所有的店家都推出了第二份半价活动，买得起但吃不完的你，有没有被市场抛弃了的感觉？不过，现在火锅店已推出半份菜，市场已经开始关注这一庞大的人群——独居、宅、追求个性的年轻人。除了工作、社交的压力很大以外，社会环境的变化也影响着年轻人是否选择独居。

过去中国人喜欢家庭式的群居生活，可随着时代的变迁，大家庭观念的底层基础逐步瓦解。一口之家、两口之家对大部分"80后""90后"的人来说已经习以为常，同时带来了巨大的市场机会。超市里10公斤装的大米、5升的食用油、2升的酱油，使一个人在家吃饭的你无从下手。一人食解尴尬，速食解乡愁。可乐罐大小容量的大米商机在这样的背景下勃然兴起。

如果你认为投资一家餐厅或者做一个产品的成本太高，那你应该看看这位湖南的卖菜阿姨，她解决了年轻人下厨难的问题。这位阿姨准备了一周7天的早、中、晚菜品，荤素搭配、营养均衡，7 天不重样。如果你嫌麻烦，还可以买个半成品回去自己加工，你就不会再因为做饭半小时、吃饭 5 分钟而感到纠结了。

家庭体量的缩小、对生活品质的追求同样催生了体积小、颜值高、功能全的一人用迷你家电，精准地击中了独居者单身却不单调的品质追求。

人类对于陪伴的需求是刻在基因里的，大家都是单身，孩子自然就少了，可是"毛孩子"却变多了。孩子王联合创始人沈炜就是瞅准了这个商机，创办了得宠社。养宠物不仅要买食物、买衣服、买玩具，还要带它看病、搞社交、相亲、旅行，甚至最后还需要为其举办葬礼，这是一条完整的产业链。2020 年中国宠物行业市场规模接近 3000 亿元，受政策、经济、社会和技术因素驱动，未来 3 年宠物行业将继续保持平衡增长，复合增速预计达 14.2%，按此增速预计 2023 年行业规模将达到 4456 亿元。

还有一个被忽视的虚拟陪伴行业——有声书。2019 年它的经济规模达到了 63.6 亿元，持续增速高达 30% 以上，2019 年 12 月全国性的新冠肺炎疫情暴发以来，线下消费受限，线上消费快速增长，2020 年有声书行业得到进一步发展，到 2020 年有声书市场规模已达到 95 亿元。根据易观分析数据显示，2020 年中国有声书行业市场活跃用户规模达 5.7 亿人次，2021 年用户规模达 8 亿人次。该行业还在处于快速成长的阶段，远没有到达成熟期，并且这个行业受宏观经济的影响比较小，持续增长的力道比较强。作为不创业、不投资的普通人，这是一个非常好的介入机会。

有多少人的生活从线下的独处变成线上的热闹？淘宝平台上平均每天有上千人次在寻找陪伴服务，比如"陪玩游戏""哄你睡觉""求安慰"这样的订单，65% 都是来自未婚顾客。2019 年单身

人口的总数达到了 2.4 亿人，据艾媒咨询数据显示，2021 年中国
独居人口预计将突破 0.92 亿人。2021 年第二季度显示，中国单身
时长以年为单位的单身人士占比已高达 73.01%，其中 43.6% 的单
身人士的单身时长为 3 年以上。

这意味着每天与你擦肩而过的人中，每 6 个人中就有一个人
是单身，这一数字还在逐年增加，市场还在持续扩张中。

单身经济有哪些？大概包括但不限于健康美容、宠物行业、
单身餐饮、迷你家电、AI 相亲、虚拟经济、交友网站、培训机构
等。单身人士更在意的是商品和服务，而不是价格。相对于已婚
人士，单身人士对于价格的敏感度更低。随着可支配收入的提高，
单身人士的消费对象将会从满足基本生活的必需品转向满足内心
需求的商品和服务，所以个性化、小众化和精致化的消费会进一
步增加。

机会其实就在我们身边，只要你去发现需求，就能看见市场。
单身经济这么大的市场远未达到饱和，就业、创业、投资的方向
之一，就摆在这里。

10. 三块五的可乐为什么不涨价？

吃早餐大约从 5 元涨到 10 元，一杯奶茶从以前的 5 元变成 20
元，但超市中的可乐几乎没有涨过价。难道通货膨胀对可乐没有影
响吗？

我们来看一看世界顶尖的巨头公司是怎么玩转价格的。

首先，可乐一直卖一瓶三块五，它赚钱吗？答案是肯定的。这么低的价格能保持赚钱，最主要的原因就是可乐的成本控制。可乐进入中国的市场已经 96 年了，从加工到运输，从灌装到销售，它都有一条非常成熟的生产链。

制造业的成本大多集中在人工成本中，但是可乐的生产工艺非常简单，它采用的是全自动的生产线，一分钟可以灌装上万瓶可乐，其中的人工成本少到几乎可以忽略不计，所以人力成本的提升对于可乐来说没有太大的影响。

可乐的主要原料是糖。由于热带植物园的大规模开发，糖的供应一直非常稳定，成本波动非常小。每一瓶可乐去除它的运输和经销商的利润，毛利还可以维持在 0.4 元左右，所以赚钱对可乐生产企业来说并不难。

可乐有如此之多的受众，虽然不亏钱，但是也可以提高价格多赚一点，为什么要放弃赚取更大利润的策略呢？我们都知道国际上可乐市场中有两个玩家：可口可乐和百事可乐。这两大企业掌握了市场上 99% 的市场份额，这在经济学上叫作双头垄断。

两个寡头彼此知根知底，暗自较劲。它们都知道对方生产了多少，成本是多少，怎么定价，透明的博弈使双方都可以以最优的方式来实现自己的利益最大化。虽然这两个品牌的可乐在味道上有细微的差别，可是整体上它的受众是一样的。如果今天可口可乐涨价五角钱，那么大部分可乐的爱好者立刻就会转向百事可乐。不要小看这五角钱的价格变动，真的让我们去选可乐，更低的价格很可能就会影响我们最终的购买选择。

另一个更深层次的原因是，可乐一直坚持不涨价也是两大可乐企业联手搭建的竞争壁垒。虽然利润率很低，但是超高的国民度让它们靠着巨大的市场规模也能赚钱，它们走的就是薄利多销的路线。如果上调价格，利润多出来了，看起来赚了更多的钱，但也会有很多资本眼红，会催生出更多的人和资金想来挑战这个市场，反而得不偿失。因此，干脆两大企业都不涨价，一起把这个价格护城河挖得又深又长。

不过，也不要以为可口可乐跟百事可乐这两个品牌的利润率过低，它们毕竟是世界顶尖的公司，虽然可乐的价格不能松动，但是可以在其他的饮料上盈利。可口可乐在 200 个国家拥有 160 种饮料产品，百事可乐旗下有美年达、七喜等大家耳熟能详的产品。同时，可口可乐与麦当劳合作，百事可乐又与肯德基合作，套餐中一杯至少 8 元的杯装可乐使两大可乐企业赚得盆满钵满。

今天饮料市场五花八门，可乐所面对的竞争对手越来越多，不管是无糖饮料还是奶茶的兴起，又或者是人们对于糖分观念的转变以及开始追求健康的大方向，都让全球碳酸饮料市场需求连年下跌。不知道这样的价格策略还能够坚持多久，但是我们都不会忘记在炎热的下午打开一瓶冰爽的可乐那样简单而纯粹的快乐，这是任何饮料都难以取代的。

我们聊可乐不涨价的问题，其实是想引出一个概念——当某类企业把利润率降到最低时，就迫使其他人或资金不再觊觎该市场，低利润率、高周转率且有广大受众，本身就是一条又宽又深的护城河。同类的企业还有沃尔玛，其以天天低价策略吸引了更多想要购买特价商品的潜在顾客。以超市来说，利润率越低，它的竞争优势越大，这是与高附加值商品完全相反的经营策略。消费品，特别是快消品，通常都有这样的特点。

回到中国股票市场中，如果将持续加仓并持有一个板块接近甚至超过30%定义为抱团，类似的情况发生过4次：2007年一季度至2010年一季度，资金抱团金融，持续13个季度；2009年三季度至2012年三季度，资金第一次抱团消费，持续13个季度；2013年一季度至2016年一季度，资金抱团信息科技，持续13个季度；2016年一季度至2019年一季度，资金第二次抱团消费，持续13个季度。

A股市场相对年轻，30多年中发生了4次抱团，其中有两次是抱团消费。消费赛道的重要性由此可见一斑，所以我们在有精力的情况下，应该尽可能多地了解消费相关的信息和知识。

📇 11. 人民币升值更好吗？

2022年人民币汇率屡创新高，对我们来说是好事吗？我们不妨把事情想得更极端一点，人民币兑美元达到1∶1时会怎样？

假设我们要去美国旅行，预算为5000美元，按照过去的汇率计算大约为3万元到3.5万元。在美国读书一年大概花费6万美元，约为36万元至42万元。如果人民币兑美元达到1∶1，去美国旅行一次共花费5000元人民币，在美国读书一年需要6万元人民币。更过瘾的是买奢侈品都按人民币计价。

但是别高兴得太早，如果人民币汇率达到如此高的位置，对中国经济可能造成致命的打击。国际热钱大量涌入，历史上就出现过一次史无前例的货币升值，1985年日本签订广场协议，3年的时间里，日元兑美元从250∶1直接上升到120∶1。日元兑换美元的汇率升值加速了日元国际化的步伐，让日元顺理成章地变成国际货币，但也给日本造成了不可估量的损失：大量出口导向型企业破产，社会的失业率暴增。热钱大量冲进日本房市和股市，导致房价和股价在短期内就上涨了两倍以上，出现了极大的经济泡沫。经济泡沫破裂后，日本经济陷入了数十年的衰退期，直到现在还没有完全恢复。

如果人民币兑美元达到1∶1，相当于我们出口到海外的商品价格是现在的6至7倍。中国几十年的经济发展有很大一部分原因是全球化让我们可以把产品销售到全球各个角落。但价格上涨导致需求降低，这背后的代价是中国经济没有办法承受的，所以人民币升值直接危害的是出口导向型企业。当人民币汇率持续上升时，如果我们手中握有出口导向板块的股票或基金，就要特别小心了。

在2021年5月时央行已经表明了态度，中长期内人民币会缓慢、持续地升值，但升值的速度会控制在良性的可承受的范围内。

这意味着人民币的升值要和中国制造业的实力、经济的实力同步发展、相匹配。

在这个过程中，出口从低端的加工制造向高端制造转型，必然要求出口的企业不能再依靠廉价的商品来赚钱，不能够适应这种发展态势的企业自然就会倒下。从中长期来看，人民币的升值是必然趋势，但不需要预期这件事什么时候发生，因为它每天都在发生，只是上涨幅度很小。

关于人民币升值，我们要记住的是，未来资金一定会不断流向转型升级、高端制造。钱来上涨，钱去下跌，要注意大背景下的资金流向。不论怎样，我们始终都会在更好的道路上前行，道路也许是曲折的，但前途是光明的。

12. 共同富裕是目标

虽说 2020 年至 2021 年这一年的时间里，全球的经济呈负增长，社会的总财富正在减少，但全球富豪的财富逆势增长了162%。尤其是美国前 1% 的人群掌握了 60% 的社会财富，而且底层的 50% 的人口的财富几乎为零。那么为什么有钱人越来越有钱？

在《21 世纪资本论》这本书中，作者皮凯蒂用一个非常核心的公式来解释这一现象：R>G，即资本收益率大于经济增长率。书中通过西方社会过去 300 年来的工资测算得出一个结论：在社会财富不断增加的过程中，资本家和劳动者之间的给付差距会不断扩大。

在这 300 年里，资本收益率也就是我们所谓的投资回报率 R，一直维持在 4% 至 5%，而经济增长率大概是在 1% 至 2%。那么5% 的资本收益率就意味着有钱人只要通过投资就可以用 14 年的时间来实现财富翻倍（复利计算：$1.05^{14} \approx 1.98$），但普通人靠着2% 的经济增长率，需要踏踏实实地劳动 35 年才能够实现财富翻倍（复利计算：$1.02^{35} \approx 2$）。

资本累积的速度会越来越快，R 和 G 的差距也会越拉越大。当 R/G 超过 6 的时候，资本世袭的现象就出现了，也就是说，有钱人的下一代不需要做任何努力，就可以收获社会上大部分的财富。当他们坐拥越来越多的财富，社会的生产力越来越少，这时候就有可能出现社会生产力倒退的现象。

因此，我们必须避免贫富差距过大。在中国经济进入高速增长阶段之后，现在资本回报率大概是8%，经济增长率在5%至6%，也就是 R/G 比值为 8∶6，还在合理的范围之内。

资本无序扩张带来的混乱，在互联网企业高速发展的过程中我们就已经体验过了。当时各种互联网平台依靠资本的助力打价格战，烧钱抢客户，目的就是要获得垄断资本，借此来提高价格。

任何一个行业一旦形成垄断，效率和生产力都会停滞，这也是为什么在互联网企业发展如日中天的时候国家会及时喊停。R>G 时，资本本身并没有过错，是过度追求收益导致了效率的降低。

为什么我们需要共同富裕？为什么我们需要反垄断？因为资本会一直无序扩张。只有在劳动力和资本良性循环、相辅相成的过程中，社会财富才能够摆脱畸形的分配，转向健康的发展。

13. 追求高薪还是多元化？

开源可以深挖一井，也可以做斜杠青年。年轻人应该选择高薪还是多元化收入？

我个人不赞成年轻人从一开始就有多元化收入，这代表他没有一件事情做得精，什么强项都没有，最终可能一事无成，而且把所有的时间耗尽了。所以我觉得最好的方式就是首先追求高薪，高薪代表你在这个行业里有很强的竞争力、有很多资源。当你有足够多的资源、人脉、关系、背景时，再追求多元化的收入，你的财富才会稳固。

第四章

中期资金：了解投资市场

进入资本市场，就要先了解市场。它是什么？它都有什么？它的规则是什么样的？投资的渠道有哪些？方法有哪些？适合我们的渠道和方法有哪些？其优点和缺点是什么？有没有一些简单的判断工具？

👥 1. 投资的刚需是避险

投资是一项很严谨的工作，并不是撞大运或拍脑袋。按一般理解，投资是定性分析，对每件事物都看得特别透，能看透本质，看准机会。就像中医诊病，因个体差异大，有时要同病异治，有时要异病同治，抓证不抓症。定性分析很容易把投资变成一门"玄学"。

实际情况是投资在更多情况下采用定量分析。比如格雷厄姆在《聪明的投资者》中给出的 7 条投资要求。

（1）适当的企业规模。防御型投资不必冒更大的风险，不付出更多的精力，所以诉求并不高。企业规模越大，安全系数越高。虽然有小企业逆袭挑战大企业的案例，但小取代大的情况并不常见。这一条的目的是过滤掉那些不太能经受住风险的小企业。

（2）足够强劲的财务状况。例如，流动比率（流动资产 / 流动负债）大于 2，流动资产与流动负债的差要高于长期负债。

（3）利润的稳定性。要求在过往的 10 年中，每一年都有一定的利润，本条过滤了那些受经济周期影响较大的企业，要求企业不论经济周期如何都能够活下来，都能够创造利润。

（4）股息记录。有至少连续 10 年支付股息的记录，当然这条在中国 A 股市场没有参考价值。

（5）利润增长。过去 10 年内，每股利润的增长至少达到 1/3。

（6）适度的市盈率。防御型投资法规定，当前市盈率不能超过 7 年至 10 年的平均市盈率，当期市盈率不能超过 25 倍。

（7）适度的股价资产比。即当期股价／（总资产－无形资产）不能超过 1.5。当然，这个条件非常苛刻，所以格雷厄姆又补加了一个公式，即大于 1.5 也可以，但要满足（股价／每股收益）×（价格 × 总股本／账面价值）小于或等于 22.5 这一条件。

我们不必知道以上 7 条要求是什么意思以及如何计算。只需要直观地去看，每一条都可以量化，把定性分析转化为定量分析，也就能把投资的神秘面纱揭掉，把投资变成坐下来踏踏实实算账的一种体力活。这些要求意味着找到大型的知名企业；找到财务稳健、不会因为债务破产的企业；找到盈利能力在 10 年间至少增长 33% 以上的企业；找到满足以上条件但价格低廉的正股。

归根结底这是什么意思？投资的刚需是避险，而后才是创造价值。

格雷厄姆在《聪明的投资者》中表达了这样的意思，投资有两种做法：一种是预测法；另一种是保护法。预测法即努力准确预测出未来几年公司会有多大的成就，而保护法关注的重点在于确保自己获得的价值大于市场的价格（价值大于价格）。可以说投资的根本在于以低于价值的价格买进资产，那么怎么判断市场上的资产价格是否低于价值呢？

在问怎么办之前，先来问一个问题，即是不是。很多人质疑中国 A 股市场中全是投机，根本没有投资，所以要做也不能做 A 股。是这样吗？

2. A 股市场不适合投资吗？

很多人说 A 股不赚钱，海外股市很赚钱，这其实是不对的。你把两个指数叠加在一起看，其实中国的 A 股很赚钱，只是 A 股市场波动大，从绝对值来看，其实赚钱效应不输给美股。美股只是一直在稳定地上涨，遇到重大事件大跌一次，然后继续向上涨，其特点是很稳定。但如果算上每次的波动，A 股赚钱的能力要超过美股。因此，我们的混合型基金、正股型基金完全可以跑赢美国的基金，只是 A 股或 A 股基金的持有体验很差，就是因为我们的市场波动大。

中国股市和美国股市最大的不同在于股民结构，美国机构资金在全市场资金中的占比为 92%，而中国机构资金占比只有 50%。资本市场需要有人不断地把钱送进去，赚谁的钱？一定是"接盘侠"的钱，所以散户多的地方理论上机构更赚钱，而事实也正是如此。过去 20 年的时间里，中国基金的年复合回报率达到 17.8%，注意这是复利。虽然 2022 年上半年指数一直在下跌，但我们要拉长时间看平均回报率、复合回报率，仅 2019 年收益率达到 1 倍以上的基金就有几十只，2020 年收益率翻一倍的基金也有近 20 只。

规则定生死，能力定损益。如果你有投资能力，波动率大的 A 股市场一定是最容易赚钱的市场；并且机构资金占比越少的市场，波动越大，越容易暴涨或暴跌。暴涨或暴跌至少有两个好处：一是让我们每隔一段时间就有发现价值低谷的机会，如果一直是不温不火的慢涨行情，除非在起涨之前上车，否则连上车的机会都没有；二是大大缩短交易周期，暴跌买进，暴涨卖出，可能在海外股市需要 10 年的时间，但在中国 10 年的时间可能已经做了很多个回合了。

另一件事是 A 股市场全面实行注册制已经到了倒计时的阶段。审批制是把好的企业中的能赚钱的企业拿来上市，这些公司的经营情况已经很好了，没有融资的必要，但真需要融资的企业没有机会上市融资。注册制是对多层次上市的完善，有利于金融市场的成熟发展，让这个市场中更多有潜力的公司来上市，不过风险也正潜藏在这里，机遇和风险同源。

有慧眼才能发现机遇，但对于大多数人来说，投资难度却大大提高了。采用监管制时监督机构帮我们筛选过了一轮，现在上市标的突然间变多了，我们自己筛选的难度也大大提高了。所以在注册制之下想要赚钱比以往要困难得多，我们要开始研究公司的产业前景如何，公司竞争力如何，对个人投资者来说最现实的困难是打新就像拆盲盒，对机构来说这却是一件好事，散户会越来越发现自己的能力有限，机构的重要性逐步凸显。

中国市场的特点使其目前很适合做交易，但随着市场越来越规范，机构资金占比越来越高，阿尔法收益（超额收益）也就会越来越低，所有人的收益也就越接近贝塔收益（平均收益），到时再想通过高效的投资积累财富就很困难了。

关于很多人对于 A 股市场的抱怨，我们还有两种解释。1990年中国人均 GDP 仅有 318 美元，31 年过去了，2021 年中国人均 GDP 达到了 12556 美元，整整上涨了 30 多倍，相当于平均每年的复合增长率接近 13 个百分点。城市的面貌有了翻天覆地的改变，经济发展创造奇迹。但为什么一个高速发展的经济体，其股票的回报率却远远跟不上经济发展呢？

从 1992 年底到 2021 年的 MSCI China 指数的年回报率只有 2.2%，同期美国标普 500 指数年化收益率达 10.7%。

原因一：新股上市的价格太高了，中国石油在 2007 年上市时的发行价格是 16.7 元，但是在首日流通时，最高价格就达到了 48.6 元，涨幅高达 191%，总市值仅次于后来的苹果，出道即巅峰。而且并不是只有中石油一家公司出现过这样的问题，过去 A 股市场的传统就是高定价，再加上上市再翻倍，高价的背后就是早已经透支了未来的成长性。

原因二：留在 A 股市场里的企业不具有代表性。过去中国发展最好的 10 年里，最好的企业其实大部分都在境外上市。也就是说，过去带动 A 股市场走向高点的企业纷纷进入了成熟期或者衰退期。新的高增长、高增速的经济体的企业又没有在 A 股市场上市。因此 A 股企业的增长率就是有限的，甚至出现一上市就变脸的情况。

总体来看，A 股市场的规模非常大，仅次于美国。每年的增长规模达 27.5%，其实只有 26.5% 来自上市公司股票的争霸，意思就是所有的投资人去分 1% 的超额收益。股市是经济的晴雨表，但实际上只有在市场机制完善的前提之下，股市才能够是经济的晴雨表，至少目前 A 股市场和经济的关联度还没有达到这个级别。

和成立 227 年的美股相比，33 岁的 A 股市场其实还是一个非常年轻的市场。从有进无出到完善退市制度，以及询价制、注册制等改变，我们可以看到 A 股市场在朝越来越健康的方向发展。也许过去 10 年资本市场里的人是比较难熬的，但是未来 10 年的改变一定会让我们的市场越来越好。

3. A 股市场现在是什么情况？

A 股市场现在有 3 个交易所：上海交易所、深圳交易所和北京交易所，北京交易所成立时间较晚，于 2021 年 9 月 3 日注册成立。

为什么在有了上海和深圳两个交易所之后，又成立了北京交易所（以下简称北交所）？其定位不一样。北交所服务的对象大部分是创新型的中小企业，沪深交易所服务的都是大中型企业。

中小企业在技术创新和解决就业方面为中国经济发展做出了巨大贡献，中小企业创造了 50% 以上的税收、60% 以上的 GDP、70% 以上的技术创新、80% 以上的城镇居民就业和 90% 以上的市场主体数量。从某种程度上来说，中小企业代表了中国经济增长的前景，所以中国一定要成立北交所来支持中小企业，以解决它们融资难、融资贵的问题。

北交所成立有什么影响？北交所开市会不会分流主板资金？不会。它只会带来更大的赚钱效应。目前市场不是缺资金，而是缺乏好的标的、好的资产。目前首批北交所上市的 81 家公司的市值都很小，大部分都不到 50 亿元。

北交所上市的股票市值相对较小，会不会更容易被资本操控？首先操控股价的关键不在于股市盘子大小，而在于市场监管。关于这方面，证监会已经拿出了非常严厉的举措来制止操控行为。证监会发言人在此前叶飞举报案的事件中就曾经表示过，对于以市值管理的名义来操控市场、进行内幕交易等行为，证监会始终秉持的是零容忍的态度。

　　北交所面向的企业是更小、更新的中小企业，大多数还处于初创期或者成长初期，这就意味着投资的风险更高，但收益也是相对应的。北交所上市的企业从成长性、市场认同度、利率水平来看，相比主板、科创板和创业板的风险更大，当然机会也就更大。

　　市场中有几个比较重要的指数：上证综合指数、上证 50 指数、深证成分指数和沪深 300 指数。

　　上证综合指数：是上海证券交易所挂牌股票总体走势的统计指标，图 4-1 为上证指数 1991 年至 2022 年月线走势图。显著的上涨有"三次半"：1994 年至 2001 年、2005 年至 2007 年、2013 年至 2015 年分别可看成一次，还有"半次"是 2008 年至 2009 年。

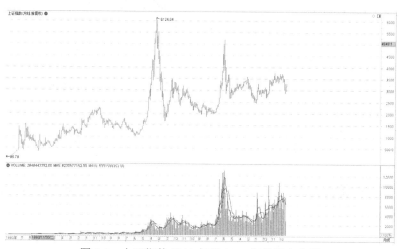

图 4-1　上证指数 1991 年至 2022 年月线走势图

　　深证成分指数：按一定标准选出 500 家具有代表性的上市公司作为样本股，用样本股的自由流通股数作为权数，采用派氏加权法编制而成。图 4-2 为深证指数 1991 年至 2022 年月线走势图。显著的上涨时间序列与上证指数相同，不同的是深证指数在 2019

年至 2021 年多一次显著上涨。

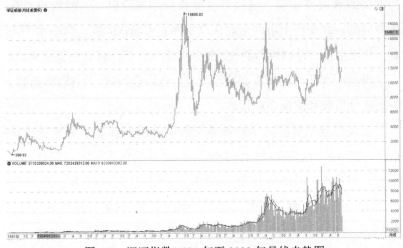

图 4-2 深证指数 1991 年至 2022 年月线走势图

　　这就是我们在上一节所说的 A 股的波动性更大，但不代表 A 股市不赚钱。上证指数自 2007 年下跌 6124 点之后，2008 年至 2009 年上涨幅度为 1814 点，2013 年至 2015 年上涨幅度为 3329 点，如果我们把 2019 年至 2021 年上涨 1291 点也计算在内的话，上证指数在最近 14 年中显著上涨的总幅度为 6434 点，比 2005 年至 2007 年最大上涨行情涨幅还要大。如果我们能够在底部区域建仓的话，至少在这 14 年中从大指数来看有 3 次上车机会。

　　上证 50 指数：挑选上海证券市场规模大、流动性好、最具潜力的 50 只股票组成样本股，以综合反映上海证券市场最具市场影响力的一批优质大盘企业的整体状况。图 4-3 所示为上证 50 指数 2004 年至 2022 年月线走势图。

　　沪深 300 指数：由沪深两市中规模大、流动性好、最具代表性的 300 只证券组成。深成指的成分股只有深证股票，上证 50

指数的成分股只有上证股票，而沪深 300 是结合了沪深两市的股票编制而成。通常基金对标的收益率为沪深 300 指数的收益率。图 4-4 为沪深 300 指数 2005 年至 2022 年月线走势图。

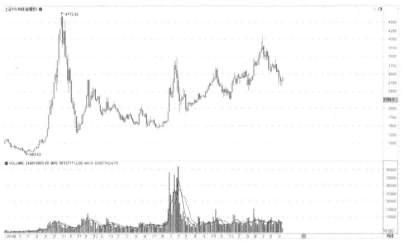

图 4-3 上证 50 指数 2004 年至 2022 年月线走势图

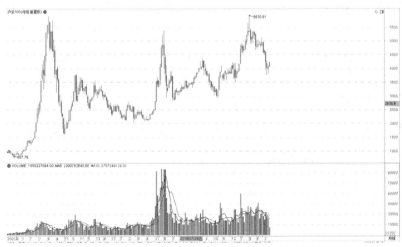

图 4-4 沪深 300 指数 2005 年至 2022 年月线走势图

再看深证指数、上证50指数和沪深300指数的特点,这3只指数在2007年指数见大顶后,不论是其后走势的显著上涨幅度、次数,还是向上倾斜的角度,都要比上证指数表现得更好。为什么?尖子生的平均成绩必然要比全班总平均成绩更好。沪深300指数甚至突破了2007年的高点。

成分指数里都是成分股,其区别只是数量的不同。组成成分指数的成分股并不是一成不变的,而是优胜劣汰,每隔一定的时间就要重新编制成分股,不具有代表性的、没有影响力的、不符合标准的会被剔除,换上更好的。

可以说成分指数中的成分股不论在什么情况下都是这个市场上"最好的"股票。但"最好的"股票并不代表永远不会下跌,价格总是要波动的,下跌也是正常的。

A股的特点是波动大,节奏快,这也符合中国经济发展的特点。在这样的特点下,作为普通投资者,买进后超长期持有显然并不是最好的选择。最好的方法是,不要浪费每一次下跌,不要浪费每一次危机。大跌、快跌、深跌来临之时便是我们上车之际。关键问题在于,大跌、快跌、深跌出现了,我们又怎么知道这里是半山腰呢?如果还有大跌、快跌、深跌出现,岂不是要亏损很多?A股当前的断层扫描是怎样的呢?

🧑 4. A 股市场当前位置的吸引力

资本市场的底层逻辑非常简单，就是钱来就会涨，钱走就会跌。钱有两种：一种钱叫作自己的钱；另一种钱就是贷款的钱。自己的钱随便套、随便买，反正无所谓。贷款的钱却有资金成本，美国在 2020 年新冠肺炎疫情之后疯狂地印钞票，导致市场上要借美元的机构特别多，它们疯狂地借钱来炒股、炒房。这些钱都是借的，美联储一旦加息，这些借钱的机构就要算一算账，利润比起利息来还划不划算。如果划算的话，它们就留着钱，不撤离资本市场。

加息还好，缩表的问题就大了。缩表的意思就是你借我的美元我要拿走了，我要你还钱。缩表对资本市场影响非常大，如果不缩表，通货膨胀的压力大；如果缩表，股市可能就会崩盘。怎么取舍呢？两害相权取其轻。

再回到 A 股市场，人民币计价的资产分两种：一种叫债；另一种叫股。2020 年大量海外资金涌入中国，截止至 2022 年 1 月，外资持有中国国债保有量约 4 万亿元，持有 A 股市场市值保有量约为 1.6 万亿元。可以看出流入的热钱更愿意买国债。即便国债较一般利率较高，但它的绝对值并不高，所以做债券通常都要加杠杆，否则做不出利润。2020 中国 10 年期国债年化的利息大概在 3%，而美国的利息几乎为零，有大量海外机构的资金涌进来，人民币的汇率在 2020 年走了一波大行情。

从 2022 年开始美联储进行加息与缩表，10 个月时间，从债券市场流出 6000 多亿美元，从股票市场大概只流出近 50 亿美元，流出股市的总量其实很小，称得上是正常调节。为什么？因为A股市场的海外热钱并不愿意走，愿意走的是债券市场中的钱。因为债券的利息少，加息与缩表让这些需要用杠杆去赚取很薄的利润的投资变得很不划算，所以2020年4月至9月中债新综合指数向下走出了比较大的波动。

而到了2022年末，A股市场变得非常有吸引力，因为在当年A股跌了不少。股市下跌，普通人怕，私募基金更怕，所以私募基金全年的仓位降低了不少。而公募基金由于有持仓限额，看着下跌也没办法，不能卖。所以公募基金在2022年11月的反弹是最强的，因为它们被强制满仓了。市场就是这么有意思，今天看起来是错的，明天就有可能是对的，今天看着是对的，明天就有可能是错的，这就是资本市场。

国内资金去买海外的股票，这种投资叫作南下资金。北上资金即我们所谓的外资，通过香港买进A股股票。北上资金从2013年开始就一路买过来，到现在也没有停过，哪怕遇到了2016年的熔断、2018年的贸易战，截至目前规模已经达到1.6万亿元。2022年上半年整个市场都在跌，北上资金还是一直在买，没有停过。这种做法是否正确，我们不知道，但事实就是北上资金一直在买A股的股票。A股整体的市盈率是偏低的，也就代表分红率偏高，价格被低估，账能算得过来，北上资金才会买。

不论怎么看，A股市场当前都是具有巨大吸引力的，有没有可以量化的、看得见的东西来证明呢？

5. 判断指数底部区域的方法一：M1 与 M2 增速的剪刀差

没有任何方法能判断指数或个股的底部到底在哪里，但我们可以通过一些迹象来判断指数的底部区域。如果我们认为 2500 点是其底部区域，那么指数跌到 2700 点就开始上涨，或跌到 2300 点才开始上涨，都不能说我们的判断结果出了问题。区域本身就不是一个具体的点。

需要说明的是，我们判断底部区域的任何一种方法都只是必要条件，而不是充分条件，更不是充要条件。底部区域出现，我们的判断条件会出现，但我们的判断条件出现，并不代表底部区域一定会出现。

这会导致不可知论吗？不会。只能说明市场没有充分条件，一切都是我们带有主观色彩反推出来的必要条件。如果说任何方法在市场面前都是错的，这种说法有可能太偏激了。它会带给我们另一种乐观的结论——任何方法在市场面前都有意义，都有可能是对的。

有些市场见底的条件可以量化，如我们常说的 M1 与 M2 的剪刀差达到一定程度的情况，或者是风险溢价率达到 50% 左右的价值底。

首先来看什么是 M1 与 M2。在货币金融学中，M 代表"monetary"（货币），可以分为三种：流通中现金 M0、狭义货币 M1 和广义货币 M2。

M0 表示流通中现金，具有最强的流动性。可以简单理解为大家没有存入银行而是握在手中的可以随时用于购买支付的钱。通常情况下，M0 的数值越高，说明老百姓越宽裕。

在 M0 的基础上，加入企业的活期存款，即 M1。存款可以随时支取、转账，其流动性仅次于 M0。M1 反映的是居民与企业的购买能力，代表居民和企业现金的松紧变化。

在 M1 的基础上，加入居民储蓄存款、企业或单位定期存款和其他存款、证券公司收取客户的保证金等，即 M2。M2 的流动性在这三者之中最差，它虽然可以反映居民和企业当前的购买力，但它更能反映居民和企业的潜在购买力。

在宏观经济分析中，最常使用到的指标是 M1 与 M2 增速的剪刀差。如果 M1 增速大于 M2，说明不论居民还是企业都有流动性很高的现金或活期存款，可以随时用于消费和投资，并且主动消费和投资的意愿更强烈，也就说明经济正处于扩张期。反过来，如果 M1 增速小于 M2 增速，说明不论居民还是企业都不愿意把钱拿出来消费或投资。

我们都知道驱动经济的"三驾马车"：消费、投资和出口。消费和投资的意愿不高，说明大家对未来经济的预期并不看好。当预期转弱，消费和投资便转弱，预期就变为现实。在此情况下央行多会采取宽松的货币政策，以刺激经济增长，也就是我们常说的"放水"。

M1 与 M2 增速的剪刀差达到什么程度，央行才可能采取宽松的货币政策呢？通常是 −10% 左右。如图 4-5 所示，柱线图为 M1−M2 增速的差值（左侧纵坐标）、曲线为上证综指走势图（右侧纵坐标）。

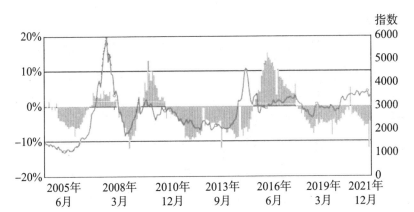

图 4-5　M1 与 M2 增速的差值与上证综指走势图

　　2006 年 1 月 M1－M2 的 差 值 为 －8.6%，2007 年 牛 市 起 点是 2005 年 6 月的最低点 998.23 点，2006 年 1 月上证综指收盘价 11258.05 点，牛市刚刚启动，牛市顶点 6124.04 点。

　　2009 年 1 月 M1－M2 的差值为 －12.1%，2009 年超跌反弹（上证综指上涨了 108.9%）起点是 2008 年 10 月的最低点 1664.93 点，2009 年 1 月上证综指收盘价 1990.66 点，大反弹刚刚开始，反弹顶点 3478.01 点。

　　2014 年 1 月 M1－M2 的差值为 －12%，2015 年牛市起点是 2013 年 6 月的最低点 1849.65 点，2014 年 1 月上证综指收盘价 2033.06 点，牛市刚刚启动，牛市顶点 5178.19 点。

　　每一次牛市大底或超跌反弹的开始阶段，M1－M2 增速的差值都在 －10% 左右，包括 2019 年至 2021 年中期的一波小慢牛行情，M1－M2 增速的差值在 2019 年也达到了 －8%。

　　需要注意的是，我们给出的是必要条件。在牛市大底的开始阶段，几乎都可以看到 M1－M2 增速的差值达到 －10% 左右。但我们不能反过来说只要 M1－M2 增速的差值达到 －10% 左右，指数就一定会上涨。我们来看一个反例，2012年1月至8月，M1-M2增速的差值一直徘徊在-8%至9%，但上证综指一直处于震荡下跌的走势中。

了解了M1-M2增速的剪刀差是指数上涨的必要条件之后，我们再来看当前的数据。2022年1月M1-M2增速的差值达到-11.07%，是不是意味着指数要止跌—反弹—上涨了呢？不知道，但剪刀差的条件有了比没有更好，至少我们现在不必那么悲观。

配方很熟悉，但味道并不一定熟悉。世异则事异，事异则备变。虽然剪刀差达到一定程度后大概率会出现宽松的货币政策，但由于所处的大环境背景不同，每一次出台政策的时间、力度未必都一样。

所谓"放水"，即上游释放宽松的货币政策，通过乘数效应放大，使水流入下游干涸的田地。即便放水，水从上游流到下游也需要时间。

在资本市场中，不外乎有三个动作：买入、等待、卖出。在预期宽松政策的背景下，显然等待是最好的决策。

关于M2，我们还有另一个必要条件。如果把指数看成车，那么货币就是油。流动性增加，指数有可能上涨；流动性减少，指数有可能下跌。通常情况下，流动性增加的必要条件是M2增速与通货膨胀率的和减去大于名义GDP增速后，结果在2%以上（邱国鹭《投资中最简单的事》）。如图4-6所示，我们用CPI（全国居民消费价格指数）来替代通货膨胀率，图中实曲线为M2增速+CPI-名义GDP增速（左侧纵坐标，简写为M2+CPI-GDP），图中虚曲线为上证指数走势图（右侧纵坐标），图中水平直线为2%与3%水平线。在2009年的上涨、2015年的上涨和2019年的上涨中，M2+CPI－GDP 都位于 2% 以上。

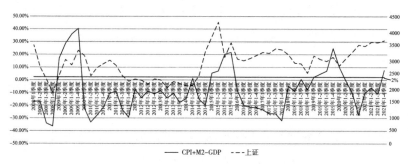

图 4-6　M2+CPI－GDP 与上证指数走势对比图

　　一定要注意我们所说的 M2+CPI－GDP 超过 2% 都是必要
条件。

6.释放的流动性去哪儿了？

　　钱流向哪里，财富就流向哪里。为了熨平经济周期，为了刺
激经济，就要提高流动性。以 2022 年 1 月的货币数据为例，来看
一下释放的流动性去哪儿了。通常情况下释放的流动性在 1 万亿
元至 2 万亿元，这次 3.98 万亿元的流动性释放创造了历史新高，
历史上从未在单月释放如此之高的流动性。流动性来了，指数就
一定上涨吗？不要太乐观。

　　我们要从两个方面来看：一是个人；二是企业。2021 年底召
开的中央经济会议指出当前面临的三重压力：需求收缩、供给冲
击、预期减弱。由于这三重压力，在个人方面的生活消费是萎缩
的，中长期的房贷率也是下降的，短、中、长期的消费都在下降，

钱去了哪里？再看企业方面，企业贷款和票据融资增加额非常高。2021 年末企业短贷 2043 亿元，票据融资 746 亿元，至 2022 年 1 月两者分别增至 4345 亿元和 3193 亿元。增加的流动性大部分都在这个地方。

企业短贷和票据融资的增加代表企业短期周转现金的需求增加。我们举个例子：企业缺钱，因为它的上游厂商没有给它钱，想要发工资、继续经营，就要进行短期融资。短期融资只能解决燃眉之急，对社会的中长期发展没有太大帮助。

这一次释放流动性的亮点就出现在中长期贷款中，从 2021 年的下半年开始，企业中长期贷款都在同比下降，2022 年 1 月同比上升 600 亿元。企业中长期贷款代表企业愿意借钱来盖工厂、买设备、扩张业务，这一部分的投资增加对社会的中长期发展才有帮助。

从这次释放流动性来看，个人消费的复苏还没那么快，需要时间再缓一缓。但企业开始愿意借钱做中长期投资，企业好，就会导致就业好，经济好，消费好。至少我们看到了一个好的迹象、好的开端。

假设央行向市场投放 100 元，其意义和作用要远高于 100 元。再假设，存款准备金率为 20%，当银行得到 100 元的存款时，需要留存 20 元，贷给客户 A 80 元。贷出的钱还会被客户 A 存入银行，再留下 20%（即 16 元），银行还可将 64 元贷给客户 B。客户 B 把钱存入银行，银行留出 20%（即 12.8 元），再将 51.2 元贷给客户 C。如此循环往复，央行只是投放了 100 元，但市场上的钱增加了 100+80+64+51.2+⋯，这就是货币政策的乘数效应。

有两个方面能影响货币政策的乘数效应：一是释放流动性的大小；二是存款准备金率。若央行降低存款准备金率

1 个百分点，那么乘数效应发挥作用后，市场上增加的钱为 100+81+65.61+53.14+…

一个人的 100 元可以称之为 M0。当他把钱存入银行时，由于乘数效应，它还会派生出更多的资金，所有的资金加在一起的活期存款称为 M1。再加上个人和企业的定期存款，则被称为 M2。

流动性释放出来后，我们还要看它流向哪里。钱会流向一个或几个赛道中去，如果我们刚好在钱流向的赛道中，我们分到的蛋糕就会多一些。但我们又担心钱流向了我们不希望它流向的地方，比如房地产。但反过来看，银行把钱贷给房企也是无奈之举，如果银行把钱贷给其他企业，有一定概率形成坏账。经济下行，企业亏损，银行反而更不敢借。《置身事内》中写道：房产是天然的优质抵押物，即使勒令银行不得超额贷款给房地产，银行也可以绕道而行。如房企想以 10% 的利率贷款，从银行贷不到，那么银行可以发行一种利息为 5% 的理财产品，委托给信托公司将资金贷给房企。

如果货币政策还能加入财政政策，双管齐下的效果会更好。假设政府下单采购一批物资，这就不仅仅是简单的一批物资的账。它增加了企业的就业，提高了利润，工人收入增加，带动消费增加。政府每支出 1 元，增加的物品与服务的总需求必然会大于 1 元，这就是财政政策的乘数效应。

7. 判断指数底部区域的方法二：大盘月平均市盈率

判断市场见底的另一种量化手段是大盘月平均市盈率。市盈率可以简单地理解为投资回报率的倒数或收回投资成本的年限。

例如，有一个项目需要我们投资 100 万元，每年的投资回报率为 5%，即每年可获得收益 5 万元。5% 的倒数为 20（1/5%），即需要 20 年收回投资成本（100/5），所以该项目的市盈率为 20 倍。我们通常把市盈率缩写为 PE 或 P/E（Price Earning Ratio），即用价格除以每年获得的回报。

我们当然希望投资回报的时间越短越好，或者说回报率越高越好，所以市盈率越低的市场越具有吸引力。

那么市盈率多高算高？多低算低？有没有一个标准呢？当然有。如果有一个项目没有任何风险，那么这个项目的收益率就是"无风险收益率"。无风险收益率的倒数就是理论标准市盈率。

这个世界上有毫无风险的项目吗？如果说是绝对意义上的无风险项目，肯定是没有的，但我们还是有相对意义上的无风险项目的，那就是国债。2022 年 3 月 10 日开始发售的 5 年期国债利率为 3.52%，长期国债的 3.52% 收益率就可以定义为无风险收益率，我们可以计算出 5 年期国债的市盈率为 28.41 倍（1/3.52%）。

如果有一个投资项目，它的回报率长期稳定在 1%，你还会投资吗？不会。为什么？因为投资它还不如去买国债。如果回报率长期稳定在 10%，你还会投资吗？当然会，因为它比无风险收益率要高得多，至少值得拿出一部分资金来博一下。

这就是无风险收益率的作用，它是一个标杆、一种标准化对比参照。1% 回报的市盈率为 100 倍（1/1%），高于理论标准市盈率；10% 回报的市盈率为 10 倍（1/10%），低于理论标准市盈率。

我们所说的量化手段，指的是大盘月平均市盈率，特指上证综合指数。我们先看一下历史数据，如图 4-7 所示，有阴影部分的曲线是大盘月平均市盈率（右侧纵坐标），无阴影部分的曲线是上证指数（左侧纵坐标）。

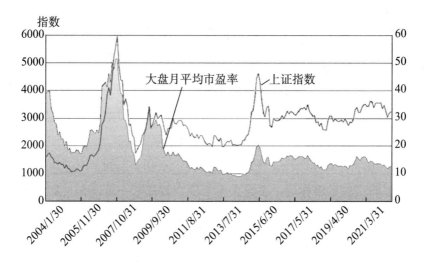

图 4-7　大盘月平均市盈率

几次市场见底的情况如下：

2005 年 5 月，上证指数 1060.74 点，月平均市盈率 15.66 倍；

2008 年 10 月，上证指数 1728.79 点，月平均市盈率 14.09 倍；

2013 年 6 月，上证指数 1979.21 点，月平均市盈率 10.16 倍；

2018 年 12 月，上证指数 2493.9 点，月平均市盈率 12.43 倍。

上证指数 4 次明显的底部的月平均市盈率从数字上看并没有什么联系，那它们的共性是什么？这就需要我们以当时的无风险收益率来计算当时的理论标准市盈率，再从中寻找共性。

2005 年无风险收益率 3.81%，理论标准市盈率 26.25 倍，约为当时月平均市盈率的 2 倍。

2008 年无风险收益率 3.73%，理论标准市盈率 26.81 倍，约为当时月平均市盈率的 2 倍。

2013 年无风险收益率 5.41%，理论标准市盈率 18.48 倍，约为当时月平均市盈率的 2 倍。

2018 年无风险收益率 4.27%，理论标准市盈率 23.42 倍，约为当时月平均市盈率的 2 倍。

以上 4 次上证指数出现明显底部时，当时的理论标准市盈率都是月平均市盈率的 2 倍左右，或者说月平均市盈率跌到理论标准市盈率的一半时，上证指数见底的概率非常高。

2018 年 6 月网传一张图，说的是上证指数与世界杯之间的关系，即历次世界杯后，不论大小上证指数都有一波涨幅。如 2006 年德国世界杯后的 2007 年大涨、2010 年南非世界杯后的小幅上涨、2014 年巴西世界杯后 2015 年的大涨。这张图的意思是 2018 年 6 月俄罗斯世界杯后，上证指数也会有一波涨幅。但事与愿违，2018 年 6 月至 12 月上证指数连续下跌。

如果我们知道了指数与月平均市盈率的关系，那就可以解释上文指出的现象：2006 年世界杯之前是 2005 年底部，2010 年世界杯之前是 2008 年底部，2014 年世界杯之前是 2013 年底部。

这三个底部都符合当时月平均市盈率约为理论标准市盈率一半的条件，也就是先见底再上涨。

但 2018 年 6 月呢？上证指数还未见底，直到 12 月份时才满足了见底条件，才出现了 2019 年初到 2021 年的上涨。分析这张图的人只看到了表面现象，却没有抓住现象背后的本质。

我们可以把这种比率简单地理解为风险溢价率，或者理解为市场愿意给我的折扣率。当折扣率达到五折时，此时可能离底部还有一定距离，但此处可以称为底部范围，此处建仓的收益风险比一定非常高。

既然可以用月平均市盈率量化上证指数的底部，其他指数可不可以套用呢？不可以，因为上证指数是综合性指数，其他指数都是成分指数，统计意义不一样。

那可不可以用于量化顶部呢？事实证明也行不通。2007 年顶部月平均市盈率 69.64 倍，2009 年顶部月平均市盈率 29.47 倍，2015 年顶部月平均市盈率 22.55 倍，很难从中找到共性。

当然，我们所说的量化手段并不是唯一的充分条件，它只是一种辅助、一种参考，投资需要的不仅仅是对于某一种指数底部的量化，它是一个复杂的系统，它需要更多的配套措施。

下面我们简单讲几种傻瓜式的投资方法。

8. 傻瓜式股息法

我们来换一个角度来思考正股，可以把正股当成另一种形式的债券。股息就是票面利率，如果我用 10 元买一只正股，其间每股派息 1 元，持有一年后，再将正股卖出，收益来自两方面：一方面为 10% 的股息；另一方面为正股价差。当然，在这一年中正股价格或涨或跌，最终能有多少收益，就不得而知了。

高股息率的正股代表着企业已进入成熟期，所以盈利相对比较稳定，若不是遇到特别大的熊市，基本不会出现巨幅下跌，再加上企业本身质量较好，上涨的概率反而会特别大。还有一些基本上从不发放股息的企业，通常是将盈利资本化，利润留在企业内部，留作发展之用，这样的企业处于发展期。

鲤鱼跳龙门，或跃在渊，跳过去了就是飞龙在天，跳不过去就是潜龙勿用，所以从安全的角度来看，买入上一年度股息率最高的企业就像是把钱借给相对安全的债务人，谁给的利息高，我就把钱借给谁。

这就催生出了一种傻瓜式投资方法——股息法。我们可以在市场上挑选出上一年度股息率最高的正股，并且默认它下一年还会给出高股息。

例如，我们把 2010 年度股息率最高的 10 只正股找出来，并且将总资金分成 10 等份，在 2011 年的第一个交易日买进，持有一年，到 2011 年最后一个交易日卖出，当然，挑选的过程中最好剔除掉 ST 正股。表 4-1 所示为 2010 年股息率最高的 10 只正股，表中收益率表示股息收益与价差收益之和。

表 4-1　2010 年股息率最高的 10 只正股

正股简称	收益率
福耀玻璃	−17.8%
宁沪高速	−9.3%
广发证券	−59.81%
宝钢股份	−20.03%
建设银行	2.42%
雅戈尔	−10.18%
中国银行	−5.66%
大秦铁路	−0.38%
万通地产	−42%
工商银行	4.34%

2011 年这 10 只正股的平均收益率为 −15.84%，亏损了，而且还不少。怎么办？不要着急，当年的上证指数下跌 21.68%，深证指数下跌 28.41%，对比两大指数，傻瓜式股息法还赚到了阿尔

法收益，并且任何投资方法都不能只看一年数据，要把时间拉长。我们继续，表 4-2 所示为 2011 年股息率最高的 10 只正股。

表 4-2　2011 年股息率最高的 10 只正股

正股简称	收益率
华邦健康	−29.15%
穗恒运 A	90.61%
九阳股份	−10.34%
南钢股份	−13.21%
台海核电	−16.26%
新兴铸管	7.74%
盐田港	1.54%
万丰奥威	11.2%
西南证券	1.71%
宁沪高速	−2.28%

2012 年这 10 只正股的平均收益率为 4.16%，虽然不高，但比当年上证指数 3.17% 和深证指数 2.22% 的收益率要高一些。时间还不够长，我们继续。表 4-3 所示为 2012 年股息率最高的 10 只正股。

表 4-3　2012 年股息率最高的 10 只正股

正股简称	收益率
方大特钢	18.53%
海润光伏	45.67%
利君股份	20.8%
华邦健康	−3.91%
九阳股份	46.8%
宁沪高速	12.93%
光日科技	−1.51%
日发精机	107.65%
三得医疗	24.4%
万丰奥威	152.47%

2013 年这 10 只正股的平均收益率为 42.38%，当年上证指数下跌 6.75%，深证指数下跌 10.91%，可谓大丰收之年。

以此方法每年循环往复，值得注意的是，这种傻瓜式股息法每年的收益率不论是正还是负，往往能跑赢上证指数和深证指数，包括 2008 年和 2015 年大跌。2005 年至 2022 年 6 月股息法与各指数收益率对比如表 4-4 所示。

表 4-4　2005 年至 2022 年 6 月股息法与各指数收益率对比

时间	股息法收益率（%）	上证收益率（%）	深证收益率（%）	沪深 300 收益率（%）	创业板收益率（%）
2005	−13.72	−8.33	−6.65		
2006	102.34	130.43	132.12	121.02	
2007	187.06	96.66	166.29	161.55	
2008	−60.79	−65.39	−63.36	−65.95	
2009	189	79.98	111.24	96.71	
2010	−12.13	−14.31	−9.06	−12.51	15.38
2011	−15.84	−21.68	−28.41	−25.01	−35.88
2012	4.16	3.17	2.22	7.55	−2.14
2013	42.38	−6.75	−10.91	−7.65	82.73
2014	59.12	52.87	35.62	51.66	12.83
2015	53.43	9.41	14.98	5.58	84.41
2016	0.11	−12.31	−19.64	−11.28	−27.71
2017	24.02	6.56	8.48	21.78	−10.67
2018	−21.38	−24.59	−34.42	−25.31	−28.65
2019	34.04	22.3	44.08	36.07	43.79
2020	16.86	13.87	38.73	27.21	64.96
2021	15.81	4.8	2.67	−5.2	17.93
2022	−8.05	11.01	−20.51	−15.48	−24.75

如果我们在 2005 年初拿 10 万元本金开始按股息法操作，至 2022 年 6 月初资金权益已达到 247.57 万元，复合收益率为 20.56%。这种方法的难点在于永远在市，并且持有体验相当糟糕，看着涨很多却不能止盈，看着跌很多却不能止损。但若能坚持下来，回报率却相当可观。以 2008 年为例，当年亏损 60% 以上，持有过程相当痛苦。

这是使用该方法 18 年的成果，如果我们拿出这 250 万元放入长期资金，赚取被动收入，如买入长期国债。假设长期国债的利率为 4%，每年约有 10 万元的利息收入，对于在三、四线城市生活的朋友来说，已经基本实现财务自由了。

我们在第一章就说过，我们要专注本业，开源节流，让更多的短期资金进入中期资金中。如果我们能每年再增加 1 万元的投资，效果会如何呢？如表 4-5 所示，至今权益已达 344.79 万元，转入长期资金博取被动收入，按长期国债 4% 的息率计算，每年收益为 13.79 万元，平均每月为 1.15 万元。

需要注意的是，这仅仅是每年能得到的现金流，如果需要用到大笔现金，我们还有近 350 万元的本金，可谓无忧。

表 4-5　每年增加 1 万元本金后的股息法投资

年份（年）	收益率（%）	年初本金（元）	本金增加 1 万元（元）
2004	0	100000.00	
2005	−13.72	86280.00	96280.00
2006	102.34	194812.95	204812.95

续表

年份（年）	收益率（%）	年初本金（元）	本金增加 1 万元（元）
2007	187.06	587936.06	597936.06
2008	-60.79	234450.73	244450.73
2009	189	706462.61	716462.61
2010	-12.13	629555.69	639555.69
2011	-15.84	538250.07	548250.07
2012	4.16	571057.27	581057.27
2013	42.38	827309.35	837309.35
2014	59.12	1332326.63	1342326.63
2015	53.43	2059531.75	2069531.75
2016	0.11	2071808.24	2081808.24
2017	24.02	2581858.58	2591858.58
2018	-21.38	2037719.21	2047719.21
2019	34.04	2744762.83	2754762.83
2020	16.86	3219215.85	3229215.85
2021	15.81	3739754.87	3749754.87
2022	-8.05	3447899.60	

　　一年一结算对有些人来说可能时间实在是太久了，有没有可以随时进出的股息法投资呢？图 4-8 为高股息 ETF（512590）从上市的 2019 年 3 月至 2022 年 6 月的周线图。除了 2022 年上半年下跌外，高股息 ETF 都处于震荡上涨的状态中。

　　来看一下高股息 ETF 的编制：首先把 ST、×ST 和停牌的正股全部去掉；剩下的正股按最近一年成交额排序，把最后 20% 的部分去掉；再剩下的正股按过去 3 年股息率排序，把最后的 30% 的部分去掉；然后对剩下的正股按 ROA、Growth、Accrual、OPCFD 分别计算。

图 4-8　高股息 ETF（512590）从上市的 2019 年 3 月至 2022 年 6 月的周线图

ROA= 净利润 / 总资产

Growth =[（最近一期年报净利润 – 三年前年报净利润）/ 平均总资产]/ 调整日市净率

Accrual =–|（营业利润 – 经营活动现金流量）/ 期初总资产 |

OPCFD = 经营活动现金净流量 / 总负债

得出计算结果后分别评分，选择分数最高的前 100 只正股。总体上这是以 3 年平均股息率因子为主，其他因子为辅的多因子策略。多因子策略考虑得比较周全，第一步就把特殊正股去掉。分红不能只看 1 年，还要连续看 3 年。光能分红还不行，还要看它的各项财务指标。高股息 ETF 确实比只有单一因子的傻瓜式股息法考虑得更周全。

高股息指数共有 100 只成分股，它的曲线应该更平滑。股息法只有 10 只，波动率应该大于高股息指数。从编制的计算逻辑来看，高股息 ETF 的表现更好，效果更强。唯一的缺点是它没有经

过大熊市的检验，即高股息 ETF 没有经历过 2008 年和 2015 年的
股市下跌。

9. 傻瓜式分散定投法

在聊定投之前，我们先要了解一下经济学中的边际效用这个
概念，想象一个快要饿死的人，他吃的第一个包子的边际效用最
大，因为这个包子可以让他脱离危险；吃第二个包子时边际效用
降低，在解决了快饿死的问题后，第二个包子只是缓解了他的不
适；吃第三个包子时边际效用再次降低，他快吃饱了；第四个包
子的边际效用最低，因为这时他吃也可以，不吃也可以。这就是
边际效用递减原理。

假设我们月薪有 1 万元，分为 5 份，每份分别为 2000 元。第
一个 2000 元的边际效用最大，要解决我们吃饭的问题；第二个
2000 元的边际效用降低，要解决我们住房的问题；第三个 2000 元
的边际效用再次降低，要解决我们水、电、交通、服装等问题；
第四个 2000 元的边际效用再降，要解决我们学习和娱乐的需求。
最后一个 2000 元边际效用最低，即便这 2000 元钱丢了，也不会
影响我们的生活。

定投就是拿主动性的经营性收入剔除生活必需开支后剩余的
钱来投资，并且这部分钱对于当下的生活来说边际效用最低，无
限趋近于零。有些人拿它挥霍了，也不会得到多大的快乐，有些
人用它来投资，由于边际效用无限趋近于零，这意味着成本无限
趋近于零，哪怕有一分钱的收益，它的收益率也将是无限大。当

然这是理论计算。

如果我们每个月能拿出 1000 元（每年 1.2 万元）来定投，假设每年复合收益率能达到 20%，那么 20 年后会是多少钱呢？如表 4-6 所示。

表 4-6　每年 1.2 万元定投且年复合收益率 20% 时 20 年后的总收益

年份（年）	年终收益（万元）
1	1.44
2	1.73
3	2.07
4	2.49
5	2.99
6	3.58
7	4.30
8	5.16
9	6.19
10	7.43
11	8.92
12	10.70
13	12.84
14	15.41
15	18.49
16	22.19
17	26.62
18	31.95
19	38.34
20	46.01
总计	268.83

我需要详细讲解一下这张表格，第 20 年的 46.01 万元是第 1 年投入 1.2 万元每年 20% 收益的总和（1.2 万元 × 1.2^{20}）；第 19 年

的 38.34 万元是第 2 年投入 1.2 万元每年 20% 收益的总和（1.2 万元 ×1.2^{19}）；第 18 年的 31.95 万元是第 3 年投入 1.2 万元每年 20% 收益的总和（1.2 万元 ×1.2^{18}）……

20 年里的收益总共 268.83 万元，若此时转入长期资金赚取被动收入，按长期国债每年 4% 的利率计算，每年收入为 9.87 万元，平均每月 8200 元。

同样，我们通过开源节流，使主动性的经营性收入不断扩大，将会获得更多的中期投资额度。若每年按等差增加 1000 元的投资，如初始投资 1.2 万元，1 年后获得 20% 的收益，共 1.44 万元；第二年增投 0.1 万元，即定投总额为 1.3 万元，本金共 2.74 万元，第二年末获得 20% 的收益，共 3.29 万元；第三年增投 0.2 万元，即定投总额为 1.4 万元，本金共 4.69 万元，第三年末获得 20% 的收益，共 5.63 万元……

20 年后总权益将达到 367.36 万元，若此时转入长期资金收取被动收入，按长期国债每年 4% 的利率计算，每年收入为 14.69 万元，平均每月 1.22 万元，不要忘了还有 367.36 万元在账上没有动。

真的每年都能达到 20% 的收益率吗？当然不是，因为收益率并不是平均分布的，有的年份是丰年，有的年份是歉年。我们给出的股息法数据就已经显示，亏损最多的年份可以亏到 60% 以上，盈利最高的年份又能达到 180% 以上。从长期来看，只要我们能掌握一定的方法，达到复合 20% 的收益率并不是太难的事。

定投有没有傻瓜式的投资方法？有，后文会详述各种投资方法，本节为了说明，给出的方法都是傻瓜式投资方法。

我们以上证 50ETF 为例，若定投上证 50ETF，即每隔相同的

时段自动买进 × 份 ETF（最小交易量 100 份，与正股最小交易量 100 股相同），是一路无脑买吗？当然不是。我们开篇就说过，A 股的波动性极大，如果不能低位买进、高位卖出，最终还是没有多少收益。那么问题来了，多低算低买，多高算高卖？

这就需要一个可以测量高低的标杆了，当然这个标杆有很多种，如市盈率、市净率、市销率等。本节我们以市盈率为例。

什么是市盈率？市盈率即股价除以每股利润，或市值除以净利润，分为动态市盈率、滚动市盈率和静态市盈率。

动态市盈率默认未来每个季度的每股利润等于一年内第一个季度每股利润的平均值。

例如，正股 A 价格 10 元，一季度每股利润 0.2 元，假设其后的每个季度的每股利润都是 0.2 元，即全年 0.8 元。那么正股 A 的动态市盈率 =10/（0.2×4）=12.5。

若正股 A 价格 10 元，一季度每股利润 0.2 元，二季度每股利润 0.3 元，即上半年每股利润 0.5 元，假设下半年每股利润与上半年相同，也是 0.5 元，那么正股 A 的动态市盈率 =10/（0.5×2）= 10。

若正股 A 价格 10 元，一季度每股利润 0.2 元，二季度每股利润 0.3 元，三季度每股利润 0.4 元，前三季度每股利润共 0.9 元，平均每季度利润 0.3 元，假设四季度每股利润为前三季度的平均值 0.3 元，那么正股 A 的动态市盈率 =10/（0.3×4）=8.33。

滚动市盈率以今年发生的每股利润为基础，再与去年最近的季度每股利润凑成一年。

若正股 A 价格 10 元，去年二季度每股利润 0.2 元，去年三季度每股利润 0.3 元，去年四季度每股利润 0.4 元，今年一季度每股利润

0.5 元。那么正股 A 的滚动市盈率 =10/（0.2+0.3+0.4+0.5）=7.14。

静态市盈率以最近年报显示的一年每股利润为计算标准。

若正股 A 价格 10 元，最近一年的年报显示年每股利润为 1 元，那么正股 A 的静态市盈率 =10/1=10。哪怕现在是 2022 年 12 月 31 日，但 2022 年的年报没有公布，也要以 2021 年的每股利润为计算标准。

根据每种市盈率计算方法的优劣，通常情况下，除了特殊情况外，半年报之前最好采用滚动市盈率的计算方法，半年报之后最好采用动态市盈率的计算方法。

市盈率有什么用呢？如何用市盈率来确定高低呢？那就涉及理论标准市盈率的概念了。

假设有一个项目，市场上的贴现率是 4%，这个项目每年可以给每份投资 4 元钱的回报，你愿意投入多少钱？

贴现率是指将未来支付改变为现值所使用的利率，或指持票人以没有到期的票据向银行要求兑现，银行将利息先行扣除所使用的利率。这种贴现率也指再贴现率，即各成员银行将已贴现过的票据作担保，作为向中央银行借款时所支付的利息。可简单将贴现率理解为资金的价格或利率。

假设投入 x 元，$x \times 4\%=4$（元），解得 $x=100$（元）。

即一年有 4 元钱的利润，在贴现率为 4% 的情况下，这个项目值 100 元钱。

贴现率与市盈率互为倒数，贴现率为 4/100=4%，那么市盈率就是 100/4=25。

那么我们再问，估值的时候怎么用 25 来计算？回到前面的问题，一个每年给你 4 元钱利润的项目，在贴现率为 4% 的情况下，估值是多少？

4/4%=100（元）或者 4×25=100（元）。

我们把这个问题转换到正股上来，2009 年到 2016 年净利润分别为 35.44 亿元、61.71 亿元、115.9 亿元、63.08 亿元、93.8 亿元、109.93 亿元、75.16 亿元。7 年平均净利润为 79.29 亿元。

一个平均每年给你 79.29 亿元回报的项目，在贴现率为 4% 的情况下，它的估值是多少？

79.29/4%=1982.21（亿元）或者 79.29×25=1982.21（亿元）

这是海螺水泥的总估值，在 2016 年初，它一共有 52.99 亿股，那么每股估值 =1982.21/52.99=37.41（元）。

估值是 37.41 元，我们不能在股价是 37.41 元的时候就买入，总要砍砍价。股价是 37.41 元时，平均每年带给我们的净利润不过是 4% 而已，与国债的利率基本一样。既然一样，为什么不去买国债？没风险不是更好吗？买正股是有风险的，所以要求的回报至少要高一点。

砍价怎么砍？先拦腰砍一刀，37.41 元是我们按 4% 的贴现率计算的，或者说是按 25 倍市盈率来计算的。那么我们要按 8% 的贴现率来计算，或者说按 12.5 倍市盈率来计算，就是 37.41 元打个对折，即 18.7 元。

或者按平均净利润为 79.29 亿元，直接按 12.25 倍市盈率来计算预计买进价位。79.29×12.5=991.1（亿元），再除以 52.99 亿股，每股预计买进价位为 18.7 元。

我们来看一下海螺水泥 2016 年初后的走势，如图 4-9 所示。当时海螺水泥的股价在 12 元至 14 元，由于几经除权，现在回看当时的股价在 9 元左右。

再回头说市盈率，长期国债的利率一般被称为无风险收益率。如果一个项目的收益率低于无风险收益率，还不如直接去买国债。只有该项目的收益率至少超过无风险收益率一倍时，我们才会考虑买入。就像海螺水泥，按它的平均净利润，37 元以上的价格只能得到 4% 的投资回报率，只有它的价格下降到 37 元的一半以下的时候，才能获得 8% 以上的投资收益率，这样的回报率才值得我们冒风险。

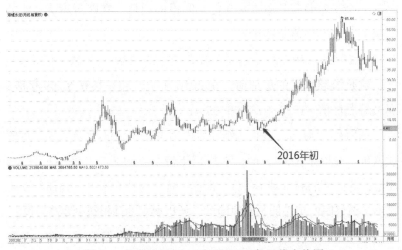

图 4-9　海螺水泥 2003 年至 2022 年月线走势图

无风险收益率或者说长期国债利率就成了判断是否值得投资的标杆，无风险收益率的倒数是理论标准市盈率。如果我们放宽一点条件，只要在标准市盈率之下，我们都可以买进，在标准市盈率之上，我们都选择卖出。这是一条傻瓜式的投资标准。

如长期国债的平均收益率为 4%，我们就把 4% 的标准，即 25 倍理论标准市盈率作为标杆。那么可以在上证 50 指数在 25 倍市盈率以下时，每个月定额买进上证 50ETF。同样可以在上证 50 指数在 25 倍市盈率以上时，每个月定额卖出上证 50ETF。

买进，不是一次性大笔资金买进，而是每个月都定额买。因为我们不知道它达到 24 倍市盈率时，会不会继续向下达到 23 倍市盈率，甚至达到 15 倍市盈率，所以不能在 24 倍市盈率时全部买入，而是一路跌一路买，当上证 50 指数达到低点，开始向上拐头时，只要不超过 25 倍市盈率，我们还是每月定额买进。直到上证 50 指数达到 25 倍市盈率以上时，停止买进。这就是著名的微笑曲线，如图 4-10 所示。

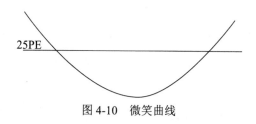

25PE

图 4-10　微笑曲线

上证 50 指数达到 25 倍市盈率以上时，我们可以定期定额卖出，即它达到 25 倍市盈率的第一个月时，卖出我们买进的第一笔上证 50ETF；第二个月还处于 25 倍市盈率以上时，再卖出第二笔上证 50ETF。当然，不论是先进先出，还是后进先出，平均成本都是一样的。

由于我们假定无风险收益率长期平均值为 4% 左右，所以 25 倍是理论无风险收益率，那么在打五折的情况下，12.5 倍市盈率以下是超低风险区。如果有能力的话，可以在 12.5 倍市盈率以下进行倍投，即市盈率在 12.5 倍至 25 倍时每个月定投 1000 元，市盈率在 12.5 倍以下时每个月定投 2000 元。同样，市盈率在 25 倍至 37.5 倍时，每个月卖出之前定投的一笔。市盈率在 37.5 倍至 50 倍时，每个月卖出之前定投的两笔。市盈率达到 50 倍市盈率以上时，每个月卖出之前定投的三笔，等等。

这样定投的成绩如何呢？经过测算，从上证 50ETF 上市到 2021 年 4 月，年复合收益率达到 22% 以上。当然，持仓体验同样不好，因为赚钱顺畅的一波是 2006 年 12 月至 2008 年 4 月，之前定投的存货基本上都以非常高的价格卖出了，这一段时间的每笔平均复合收益率达到 110.42%，但后面的日子非常艰难。第二次卖出高潮是在 2009 年 5 月到 2010 年 3 月，这段时间的每笔平均复合收益率只有 18.78% 了。

其后基本上没有卖出的机会，虽然如此，但整体测算的每笔复合收益率依然在 22% 以上，也可以赶上巴菲特的年复合收益率了。

如果再来一波牛市行情，我们之前的大部分存货陆续出手，整体收益率至少能达到 25%，这还不包括在特别低的位置进行倍投和在特别高的位置双倍卖出的情况。如果加上倍投与倍出的条件，收益率还会更高。

但持有过程很煎熬并不见得是什么坏事，假设我们从第二季度开始定投，第三季度就有收获，这对我们真的是好事吗？我们每月定投 1 次，每次 1000 元，一个季度只定投 3 次，这时我们拿到的便宜筹码量很小，但就已经赚钱，要止盈了。这对我们有什么好处？如果我们已经投了 30 次，那才能赚到大钱。

需要说明的是，我们所举的两个例子，即傻瓜式股息法和傻瓜式市盈率法，都是定投的大致框架，还没有研讨更细致的细节，其实我们可以给这个框架不断加入特定的定性条件，对其进行优化，以期达到更高的收益率。

说到定性的问题，就需要我们考虑另一变量。上证 50ETF 的成分都是什么？上证 50ETF 前十大重仓正股如表 4-7 所示，都是常见的大白马股，有白酒、银行、电力、光伏、药、奶制品等行业。第一大占比是贵州茅台，如果定性分析特别不看好白酒行业，那么就不要投上证 50ETF，可以根据既定的定投规则选择其他的 ETF 进行投资。

表 4-7   上证 50ETF 前十大重仓正股

正股代码	正股名称	持股数量（万股）	持股市值（万元）	占净值比 %
600519	贵州茅台	450.46	774344.52	15.08
600036	招商银行	8853.29	414333.97	8.07
601318	中国平安	7752.5	375608.74	7.32
601012	隆基股份	3094.41	223385.26	4.35
601166	兴业银行	10399.54	214958.44	4.19
600900	长江电力	8120.44	178649.57	3.48
603259	药明康德	1467.36	164901.35	3.21
600030	中信证券	7055.85	147467.2	2.87
600887	伊利股份	3663.62	135150.86	2.63
601398	工商银行	25072.18	119594.28	2.33

需要补充的是，我们可以通过定量分析来选择指数基金（ETF），但定投并不仅限于指数基金。

10. 傻瓜式可转债投资

什么是可转债？可转换债券（以下简称可转债）是债券持有人可按照发行时约定的价格将债券转换成公司的普通正股的债券。我们举一个实际案例来说明，天创时尚发行天创转债。

　　可转债存续期为 6 年。可转债对应的正股称为正股。

　　约定可按 12.29 元的价格将债券转换为正股，如 1000 元的可转债可以转换 81 股天创时尚的正股，剩余 4.51 元转回账户。

　　若正股价格达到 12.29 元的 130% 以上，即 15.98 元以上时，在通知到期日之前还未进行债转股，公司有权按照当期利息强行赎回可转债。

　　若正股价格达到 12.29 元的 70% 以下时，即 8.6 元以下时，公司可开会研究是否下调转股价，可下调，也可不下调。若正股价格在可转债存续期的最后两年内降到 8.6 元以下时，转债投资人可按票面价值将其回售给发行公司，公司支付当期利息。

　　若正股价格在存续期 6 年内，即未触发强赎，也未触发回售，6 年后按约定利息与本息一起返还投资者。

　　这相当于发行公司向我们借钱，经营得好，股价上涨到一定程度，强制债权变股权，投资者至少赚 30% 以上，继续持有也可以，转股后卖出也可以。如果公司经营不善，股价下跌，公司有义务把钱还给我们。有钱大家赚，亏了算他的，所以可转债的票面利率非常低。

　　发行可转债的潜在目的是什么？低息借款，并且不想还钱。公司以非常低的价格吸引一大笔资金用于约定目的，但并不想到期后还钱，并且可转债投资者也并不是为了这么低的利息而来的，都期盼着公司经营向好，股价上涨，以赚取 30% 以上的价差利润。所以两方面一拍即合，都想着在最快的时间里让债权变股权。那么发行公司就会想尽一切办法，把股价推升到转股价的 130% 以上。

　　可转债的本质是什么？相当于用机会成本买了一张发债公司的看涨期权。

行权价即为转股价，与期权不同的是，期权的行权价不能变，转股价是可以下调的，并且越是调低，对于持债人越有利。

它与期权相比，期权亏损的概率更高，而可转债几乎没有亏损的可能，即便正股价格下跌，6年时间内有可能不断下调转股价，股价在最后调整的转股价之上反弹30%，应属于大概率事件。除非发债公司破产清算。

可转债的唯一成本是机会成本，有些公司的市值管理能力确实很差，无法把股价拉至强赎价，最终我们在6年后只拿到本金和少量的利息。因为利息低于长期国债，所以机会成本即长期国债与可转债的利差。

可转债发行价为票面价格100元。如果正股价格下跌，可转债的价格也会下跌，债券价格的变动会导致亏损吗？不会。

- 情况1：如果正股价格达到回售条件，我们可以拿回本金加少量利息。债券价格是多少，我们根本不关心。

- 情况2：如果6年间正股价格一直处于回售价与转股价之间，到期拿回本金加少量利息。债券价格是多少，我们根本不关心。

- 情况3：如果触发了回售价格，并且发债公司下调转股价，正股价格再次下跌至新的回售价，同情况1。

- 情况4：如果触发了回售价格，并且正股价格一直处于下调后的回售价与转股价之间，同情况2。

- 情况5：如果正股价格向上触碰了强赎价，通常为转股价上涨30%后，可转债的理论价格为130元。转股后当即卖出，可赚30%。可转债相当于看涨期权，它的价格也会上涨30%，理论上高于130元，如131元，没人会买，卖不出去。假设以131元买进可转债，且立刻转股，只能转30%，而成本是31%，不划算。理论上低于130元，如129元，存在无风险套利空间，以29%的成本买进，转手转股卖出，可获得30%的利润。套利空间会被立即弥平。因此理论上正股达到强赎价后，可转债价格为130元。

- 情况6：当正股价格为转股价的80%，即从转股价下跌20%，参考情况5，理论上可转债价格也会下跌20%。但公司下调转股价后，可转债价格理论上应回升至100元（其实这是平值期权）。

假设某可转债正股的转股价从10元下跌至7元，下调转股价为7元。

正股价格再从7元下跌至4.9元，下调转股价为4.9元。

正股价格再从4.9元下跌至3.43元，下调转股价为3.43元。

这一轮下跌，正股价格下跌了65.7%。但我们不关心可转债的价格，大不了到期后拿本金和利息走人。

可一旦价格从转股价上涨30%，即3.43×130%=4.6（元），可转债的价格会上涨至理论价格130元。正股价格不论怎么下跌，在发行公司不违约的情况下，可转债均可以保本。正股价格只要从转股价上反弹30%，可转债即可帮投资者赚30%的利润。

可转债真的一点风险也没有吗？可转债的违约风险非常小，根据数据统计，截至2022年底，可转债存续期间的违约率是0。以上所有分析所给出的最大风险是机会成本。不过如果中途换手交易，肯定会有风险。但可转债的低风险是在一个隐性条件之下形成的，脱离了这个隐性条件，可转债的风险也是非常高的。

该隐性条件是，购买可转债的价格上限最好是票面价格（100元），如果是更加激进的操作风格，可以略高于票面价格，但绝对不要超过 114 元。

可转债存续期为 6 年，每年都有利息收入，再加上最后一年略高一些的利率补偿，利率总和为 14% 左右，利率总和因各可转债规定的利率不同而有所差异。

我们之所以有底气，就是因为当我们付出 100 元，最坏的情况下我们也能收回本金。但如果我们以超过 100 元的价格买进可转债，而最终股价下跌，并且正股下跌，导致可转债价格下跌，再导致触发回售价，还遇上宁死不肯下调转股价，砸锅卖铁接受回售的公司，返还你的还是本金加当期利息。以超过 100 元的价格购买可转债，超过的价格越高，风险越大。

当前价格最高的可转债是中矿转债（762.501 元），正股为中矿资源，转股价 10.96 元，正股价格 84.19 元，强赎价 14.25 元。

正股中矿资源自 2020 年 11 月 5 日开始，收盘价就一直处于14.25 元之上。按照我们上文所说，在近 30 个交易日内，只要有15 个交易日的收盘价超过转股价 30% 以上，即触发强赎。但为什么中矿转债还在上市交易呢？

因为可转债规定，当触发约定强赎价时，发行公司可以放弃本年度的强赎机会，继续让可转债在二级市场上进行交易。

如果我们认为中矿资源的股价会保持坚挺，并且以 762.501 元的价格买进，若以最终达成强赎条件时的价格保持当前价格不变，买入可转债后再转股的理论利润为 0。除非中矿资源的股价一直上涨，以高价买入中矿转债才会有更大的获利空间。

一旦在未来的时间内，中矿资源的股价下跌，中矿转债的价格也会下跌，风险显现。最坏的情况是，以 762.501 元买进最终返还投资者 100 元的票面价值，再加上基本可以忽略不计的利息。

那么怎样才能减少这种风险呢？以平价或低价买进可转债。因为以平价或低价买进可转债，正股股价触发强赎条件后，可以锁定 30% 的利润。即使最终没有触发强赎条件，也能锁定利息收益。

可一旦以高于 130 元的价格买进，理论上已经被挤出了任何获利空间，风险已不可控，与直接买股票的风险无二，也就枉费了可转债为我们托底并保驾护航的设计。另外，可转债的流动性较差，如果不是申购获得可转债的情况，在二级市场中交易要注意规避流动性风险。

集思录给出的数据显示，以最近 10 年的可转债上市到退市的等权计算，每只可转债平均存续期为 1.88 年，假设 100 元为买进成本，最后交易价格为卖出平仓价格，在这 1.88 年内，平均收益率为 61.62%。按每一年计算年复合收益率为 29.09%，收益相当可观。

我们对标一下最近 10 年几大指数的收益率。

（1）上证指数 2011 年收盘点位 2199.42，2021 年收盘点位 3639.78，年复合增长率为 5.17%。

（2）深证指数 2011 年收盘点位 8918.12，2021 年收盘点位 14857.35，年复合增长率为 5.24%。

（3）沪深 300 指数 2011 年收盘点位 2345.74，2021 年收盘点位 4940.37，年复合增长率为 7.73%。

（4）上证50指数2011年收盘点位1617.61，2021年收盘点位3274.32，年复合增长率为7.31%。

（5）创业板指2011年收盘点位729.5，2021年收盘点位3322.67，年复合增长率为16.37%。

但问题是，以票面价格买进可转债的概率并不大，需要抽签，中签概率小，通常一个小账户只能中10张（每张债券100元），还不一定每个新发行的可转债都会中签，所以想要大量交易可转债，要到二级市场中购买。但二级市场中的可转债通常都有溢价，也就是说我们很难以100元的票面价格买到可转债，这就减少了收益率。

可转债投资变成了两难选择，想要以票面价格购买可转债，买入机会小、买入量小。想要大额买到可转债，就要承担溢价风险。

回测过去的数据，上述3种傻瓜式投资方法的年复合回报率都在20%左右，对于急着积累财富的人来说，会不会太低了？

11. 20% 左右的收益率会不会太低了？

巴菲特年复合收益率也只有20%左右，他已经几度成为世界首富，当然他的资金规模也很大。2022年上半年股市一路下跌，所有顶流基金经理手上几百亿元、上千亿元的资金都躺在地上，别说赚钱，亏都亏死了。那么巴菲特在手上资金规模这么大的情况下还能够维持20%以上的收益率，是非常厉害的，所以有些人动不动就说自己的投资收益率是 40% 至 50%，那都是因为他手上的资金规模非常小。

2019 年至 2021 年至里资本市场带来了很丰厚的回报，导致很多人都涌进了证券市场，所以基金在 2019 年至 2021 年增长的份额已经超过了过去 10 年来的总量。大家都开始逐步认识到机构能够给我们带来回报，这本身是一件好事。

但是这样大幅上涨的年份其实并不是经常有，所以大家的期望值太高了，一进来就要 50% 的收益率，太不现实了，巴菲特这么多年的经验下来也才有 20% 的收益率。所以我们要理解一件事，如果从一开始进入这个市场就放低心态，如收益率低于 20%，甚至是 10%，其实我们反而更容易做出成功的投资。

把中国资本市场的时间段拉长，特点是牛少熊多。基金在操作的过程中会受到法律法规的限制，比如说基金在买进一只股票时，只能买不超过该上市公司流通市值的 10% 的份额，同时基金自己手上的整体的资产规模也不能有超过 10% 的份额押在同一只股票上面。特别是公募基金明明知道未来市场要下跌，也不能清仓，还要保持一定的持仓份额。这就导致了两种结果：市场反弹的时候，基金是被迫"满仓"，公募基金赚得其实比私募基金还要多，但是一旦市场出现单边下跌的时候，公募基金很难抵抗市场的回撤。

公募基金在牛熊反转时优势非常大，而私募基金在熊牛转换时的优势非常大。私募基金资金规模小，在丰收年份的收益率通常高于行业平均水平。但将时间拉长到 10 年、20 年来看，平均年复合收益率也通常在 20% 以下，所以不要对别人要求过高，更不要对自己要求过高。放低心态，才能让心态平和，才能不急功近利，才能做出正确的决策。

12. 普通人适合哪种投资方法？

我们大致了解了几种投资方法。对于普通人来说，使用哪种投资方法更好呢？首先我们坚持方法的中立性，方法不存在好坏。如果对高股息特别喜欢，推荐高股息 ETF，毕竟这是指数基金，它有更合理的指数编制和更恰当的持仓结构。

除了高股息 ETF，理论上也推荐所有的 ETF，包括上证 50ETF、深沪 300ETF、创业 50ETF 等，还包括不同的行业指数 ETF，如芯片 ETF、保健 ETF、电力 ETF、基建 ETF、光伏 ETF 等。

指数 ETF 相当于我们被动地买入了一揽子个股，ETF 的好处是不必去研究具体的公司、股票，只需要研究行业即可。ETF 的劣势在于它只能赚取行业的平均收益，但对于我们普通人来说，在不付出更多精力的情况下，赚取行业平均收益就是适当的收益。

我们都想寻求阿尔法收益，但可能会连贝塔收益也丢掉。但我们只要求贝塔收益时，可能会拿到意想不到的阿尔法收益。

除了 ETF，我们也推荐各类主动型基金，但选择主动型基金是一件非常困难的事，不过后文都有详细说明。

总的来说，不推荐直接交易个股以及与个股直接发生关系的任何交易方法；推荐定投的方法，而不是一次性买进的投资方法；建议即使在中期投资资金中，也要做好资产配置。

第五章

中期资金：正确的与错误的

1. 成功投资的五个基本要素

2. 投资失败的两大原因

3. 行业方向比个股选择更重要

4. 在不完备的信息条件下做出决策

5. 不要做无意义的思考与提问

6. 真正的复利不是不停地低买高卖

7. 风险、报酬和不确定性

🧑 1. 成功投资的五个基本要素

我从小白开始做投资，到今天已经 20 年了，我赚过大钱，也亏过大钱，吃过很多的苦头，通过反思总结出了一些适合个人投资者的投资方式。回顾我的亏钱经历，总结下来就五件事情。

第一，不要一次性重仓投入。如果一次性用大部分的钱去投资，那么从一开始就决定了你大概率是要失败的。因为任何一点波动都会让你胆战心惊，这种投资体验非常不好，会影响心态，最终投资者会受不了波动，反而让投资体验来左右投资决策。投资情绪主导投资决策，自己吓死自己，这时投资者已经妥妥地变成"韭菜"，所以保留一部分现金是非常必要的，要控制投资金额。特别是短期资金和长期资金不能错配，如果将短期的资金拿来做投资，一旦投资收益达不到预期又跑得太慢，身在其中亏钱事小，但影响到生活和事业，才是真的得不偿失。

第二，等待和耐心。股市常说"七亏两平一赚"，为什么只有一成的人可以赚到钱？原因是他们能等待。他们知道等待能够创造更多的利润，等待就是"躺赢"，对于不愿意等待的人，等待就是煎熬。我们都知道成功是奋斗得来的，凭什么投资不需要煎熬，不需要痛苦就能够得到财富呢？如果投资者熬不住，那么财富必然与其没有缘分。将短期的涨涨跌跌当成判断是非对错的决策标准，是完全不可取的。

等待的另一种解释是等待机会。追求每击必中，追求 100% 的准确率，并不能从市场中赚到足够多的钱。例如，纽约的传奇棒球手乔治·鲁斯，因大力击球和本垒打而闻名，但也同时因为多次被三振出局而闻名，他的安打率只有34.2%。同样，另一位传奇棒球手巴比，其2/3的时间都在休息区。

如果从准确率来看，他们的胜率低得可怜，但不妨碍他们成为传奇棒球手，因为他们只要打出一次本垒打，就会成为投手的噩梦。

红袜队经理亨利被"三振出局"的次数数不胜数，但他赚到了足够多的钱，并且买下了红袜队，成为棒球史中的传奇人物。从交易中看，亨利亏损的次数多到数不过来，但只要抓住一波趋势，便会获得巨额的收益。因为每次亏损不过是总资金的2%，而一次大规模的盈利会带来几何倍数的回报。

当然三振出局还有另一层意思，也就是放弃击球，等待更好的机会。在交易中，如果没有信号，我们最好的交易就是不交易。只有抛球出现可以本垒打的时候，我们才会挥棒。

红袜队棒球手泰德·威廉姆斯把击球区分为77个格子，只有球的落点处于他擅长的位置时，他才会挥棒，其他时间都在等待。如果三次势球的落点都不在他认为最好的几个位置，他宁可被三振出局。

查理·芒格也说过，有性格的人才能拿着现金坐在那里什么事也不做。我能有今天，靠的是不去追逐平庸的机会。

费里斯在畅销书《巨人的工具：亿万富翁、偶像和世界级表演者的战术、习惯和日常》中采访了杰克·威林克（他本人著有《极端所有权：海豹突击队的领导方法与制胜策略》），他把威林克请到家中过了一夜。第二天早上8点，费里斯发现威林克已经起

床 3 个多小时，而且一直在读书。威林克退役后一直保持着 4：45
起床的习惯，能连续做 76 个俯卧撑。威林克说，早起能让他有一
种在心理上战胜敌人的感觉。他认为在世界上某个地方有个敌人
正等着与他交锋，如果以后会面对这个敌人，现在做什么才能为
那个时刻做好准备？然后他就起床了。

威林克认为，一般意义上的自由弊端过多，有太多的选择。
选择过多，就会无所适从，幸福度反而会下降，这个弊端还会带
来另一个弊端——决策疲劳。当我们只有一种选择时，每时每刻
都知道自己应该干什么，反而会获得一种自主的感觉。

对于生活中的任何事，我们最大的敌人都是自己。例如，减
肥最重要的是控制热量摄入与多运动，除了你自己以外，没人可
以强制你多吃并少运动；戒烟需要消除对尼古丁的心理依赖，除
了你自己以外，没人可以强制你吸烟。

老子说："知人者智，自知者明；胜人者有力，自胜者强。"最
强的人还是能够战胜自己的人。

第三，勤奋。想要成绩好，就要学习；想要身材好，就要锻
炼。那为什么有些人会认为投资不需要努力，不需要学习呢？市
场的逻辑一直变动，从来没有一方治百病的可能，也没有买了就
一劳永逸的绝世好基金。亏钱了再思考才是学费，亏钱了却不思
考叫作浪费。

第四，不要让投资花费你太多的时间，也不要把投资当成救
命稻草。工作和生活比投资本身更重要，要做好本职工作，过好
自己的生活。合理地规划投资所占用的时间，某种程度上也是一
种仓位控制。

如果能做到以上四条，你就已经战胜了 70% 以上的人。投资

做得好的人，事业都不会太差。做事业一定要有防火墙，往前冲但不能违法，一定要知道这个世界上最大的风险在哪里，做了防火墙后再追求最大利润，所以一定是先把最大的风险控制住以后再去做后续应对。投资讲究的是先看见风险，再追求合理的报酬，所以风控就显示出它的重要性了，做好风控管理，把亏损控制在合理范围之内，再不断累积盈利，稳稳赚钱的可能性就变得很大。

第五，最重要也是短期内最无门可寻的是运气。一年240天（交易日）天天都购买基金，有人买在高点，也有人买在低点，谁都没有办法预测。既然短期内无门可寻，我们就需要用正确的诊断技巧及长期持有的耐心去抵消短期运气的影响。

风险跟机会往往是共生的，是风险还是机会，就看上面五个要点。

投资可以致富，但是不可能使人暴富。如果谁迷信投资可以使人暴富，就代表他一定会轻信旁门左道，这样的错误认识往往会让人付出非常惨烈的代价。谁犯的错误更少，机会就站在谁身边，谁才更专业。

专业在于结果可预期并且稳定输出。以医生为例，并不是专业的医生就能治好业余医学爱好者治不好的病，而是专业医生具有稳定性。我们把自己交给专业医生，会知道自己有多大概率可以被治愈，而把自己交给医学爱好者，脚气会不会治成截肢全看运气。

同样，专业的运动员也不是能做出最高难度的动作，救下更危险的球，踢出更不可思议的弧线，而是他们极少在不该犯错的地方犯错、在不该丢分的地方丢分。这一切都归功于稳定的输出。

《孙子兵法》里说："故善战者之胜也，无智名，无勇功。"险胜、以少胜多、出奇制胜，很有观赏性，但不具有可操作性。为什么大家耳熟能详的名将都是以少胜多、出奇制胜的呢？那是我们对名将了解得太少，比如白起、李靖就是稳健型的名将。此外，这些都是幸存者偏差，更多弄险的人并没有存活下来，只是他们没有被人记住罢了。

👥 2. 投资失败的两大原因

刚进场投资的人赚钱都很容易，当他开始有了信心之后，便会开始加大筹码，然后就开始亏钱。但神奇的是，开始亏钱后，久而久之其技术真的在进步，就可以赚钱了。因为他会思考自己为什么会失败，为什么会亏钱。当想清楚这些事情的时候，他的纠错能力就会越来越强，投资的正确率就会越来越高，但是这需要时间的积累，怎么可能每一次都盈利呢？那些总是说永远都要盈利的人，根本不可能做到，我们只要能确保正确的时候赚的比错误的时候亏的多，数学期望值大于零，就能长期稳定盈利。

在股票市场上亏钱大致可以归结为两种原因：看错了方向，或者看对了方向却没有坚持。

首先，选择大于努力，如 30 年前选择煤炭行业，20 年前选择房地产行业，10 年前选择互联网行业，5 年前选择新能源行业。特别是在资本市场上，选择的作用更是大于努力，如 2007 年的有色、房地产、建材、电力板块，2015 年的证券保险、汽车配件、电力设备、电子元器件板块，2018 年后的新能源相关板块等。

《孟子·公孙丑上》曰："虽有智慧，不如乘势；虽有镃基，不如待时。"选对方向、乘势，是最高智慧。选错了方向，会导致效率不高，别人吃肉你喝汤；甚至不但损失本金，还失去了本来就没几次的机会。

你可能会说："我不会选方向，也不会选赛道啊。"其实每个人都会选，只是你不关注、不思考。

看方向一定要有理性的分析，否则只能是跟风、听内幕消息。有一天我下班回家，我妈妈跟我说明天赶快去买某只股票。我问："你怎么突然想要买那只股票？"她说："邻居有一帮闺密，其中一个就是某公司董事长的太太，那个太太说她老公准备买本公司股票，让我们尽可能买！"我当时去看了一下，那只股票从6元涨到12元了，据她们说能涨到25元，可能吗？我妈妈很积极，但我觉得背后必有反常，拦住她不要她买。后面这只股票跌到了4元。即使有内幕消息，我们有机会遇到董事局的人吗？有机会遇到高管吗？他们凭什么要把这样的消息透露给我们呢？

不论是碰运气的人还是听消息的人，都是潜在的亏损交易者。而真正做到独立思考、耐心等待、按计划操作的交易者，才是潜在的盈利交易者。

巴菲特在格雷厄姆的《聪明的投资者》中曾说："能否获得优异的投资成果，这取决于你在投资方面付出的努力和拥有的知识，也取决于你在投资生涯中股市的愚蠢程度。股市的表现越愚蠢，有条不紊的投资者面对的机会就越大。"

股谚有云："多头不死，空头不止"，或为"空头不死，多头不止"。一段上涨行情是因何结束的？并不是没有人买了，而是没人再卖了。同样，一段下跌行情因何结束？并不是没人卖了，而是没人再买了。当没有人再犯傻的时候，赚钱的空间也就消失了。

碰运气，就像是抛硬币，长期来看有 50% 的胜率。但是如果频繁交易，50% 的概率在某一时段将会降低，因为概率不是平均分布的。一个人采取碰运气的策略，那么他必然不是一个专业交易者，也必然没有进行资金管理。在只有 50% 甚至低于 50% 的胜率的情况下进行交易，很快就会因输光本金而退出市场。

听消息，是另一种形式的碰运气。以如今资讯发达的程度，每天都有海量的消息，如何从海量的消息中捞出一根针？你每天都想得到这根针，比碰运气的概率还要低。

追寻市场中的变化，你永远追不上。不如寻找市场中不变的规律。所以独立思考、耐心等待、制订计划，是寻找不变的规律之时的工作步骤，稳定盈利是自然而然的结果。

其次要坚定。事物的演进是有规律的，它并不会沿着一条直线往前走。在总体发展的基础上，由于人的参与，情绪会为资产定价带来高涨的泡沫或不对等的低谷，比如荷兰的郁金香、长春的君子兰甚至是福岛地震后的盐。价格总是要围绕着价值上下波动，价格不会一直等于价值。

有些人可能在较高的位置买进了好的赛道，但一次回调就可能让他浮亏 20% 至 30%。其一，择时没做好，没有等到价格低于价值线的时候买进；其二，如果此时割肉止损，它可能没多久就涨回来了，问题是他不坚定，没看懂这条赛道，没把握好方向。

方向错了，奔跑也无济于事；不会择时且不坚定，会总是买在高位，卖在低位。

就像最近很多人跟我说一定要投资军工、新能源、芯片、新能源汽车这些板块，这些板块都可以叫作高端制造。从 2018 年贸易战之后，国家一直推动高端制造。企业最愿意投入的部分、制造业扩张的部分，就是数字化转型和高端制造。

从 2019 年初至 2021 年的市场反应来看，高端制造已有了很大回报。市场上所有大机构的资金都看见了，并且都预判到了，中国经济要转型，是势在必行的，方向没错，这是国家要做的事情。

如果你手上现在投资了以上 4 个赛道，现在出现某种程度的浮亏，是因为毕竟上涨了 3 年时间了，回调很正常。这种大家都看好的趋势，方向一定是对的，但波动也一定是大的。即便你在这个赛道上浮亏了 30%，它后续的反弹也一定会非常猛烈。

如果你本身对回撤 10% 左右就无法承受，那你根本就不应该做这种细分赛道，甚至也不要参与到资本市场中来。

当然，看错了方向还要坚持，还想着低位摊平成本，那是错上加错。丹尼尔·卡尼曼的前景理论认为，人们厌恶损失，而应对损失的方式却是错误地把它变成更大的损失。在亏损时不截断亏损或逆市加仓，而是试图安慰自己未平仓就不是真的亏损，或者摊平成本。但常识告诉我们，出现了触发判断条件的亏损，便意味着方向错了。如果我们要去东方，结果认错了路，走向了西方，难道我们还要继续向西方走下去吗？试图再走一段路以摊平错误的成本，只会越走越远。

错了就是错了，面对错误就要战胜自我。因为我们都不愿意面对真相，所以才会在背离真相的路上越走越远。我们若想明白了这些问题，就会控制自己的交易行为。

同样，如果方向对了，有一点点微利的时候就想快速平仓，落袋为安，对于这类人我想引用亚当斯在《银河系漫游指南》中的一句话："普洛塞先生一旦意识到他最终还是输家，就仿佛从肩上卸下了千钧重担，毕竟这才更符合他所认识的世界。"也就是说，这种交易者给自己贴了一个"失败者"的标签。

想在资本市场中盈利，要做到看准方向；在你不会择时的情况下，要做到坚定信念。当然方向最重要，最要命的是你把方向看反了，却还在坚定信念。

3. 行业方向比个股选择更重要

资本市场上，这家公司是好还是不好，到底是不是泡沫，到底是不是炒作都没有关系。只要你来得及跑掉，那基本上就能赚到钱。

格雷厄姆的《聪明的投资者》总结起来就四个字：物有所值。如果再说得直白一点，就是别买贵了。俗语说："大难不死，必有后福。"那些好的、创新型的公司，如果遇到巨大的困难还是没有倒闭，其后一定会有巨大的发展空间。例如，很有名的瑞幸咖啡退市重组后再上市，现在股价已经涨了好几倍。

要判断一家公司好不好，难吗？很难，首先要在国家发展的重点赛道上去找一些优质公司认真研究。我们或多或少会抱怨政策市，但政策市有它的好处，就是它可以为我们指明一个明确的方向，中国政府是市场的重参与者之一，所以要搞清市场的方向，就要搞清政策的方向。或许有些国家的证券市场不是政策市，但"放养"的后果是自谋生路，自己找路。有人指路和自谋生路，哪个更容易些呢？

中银基金管理有限公司副总裁孙庆瑞在采访中说过一段话：

"发掘将要爆发的需求，对于当前经济发展阶段的判断非常重要。当我们国家处于工业化之前时，大部分行业的需求都没有被充分满足，可以清晰地看到轻工业的需求爆发，比如纺织、家电等。

"当步入工业化时期，与投资相关的行业需求呈现出快速爆发的特征，尤其是在刘易斯拐点之前，资本的回报率显著高于劳动力，企业通过不断再投资实现利润最大化。因此现在所谓的周期行业，包括钢铁、水泥、煤炭等行业，在那个时候都是成长行业，增速很快。但是2009年我国为应对全球金融危机采取4万亿元刺激政策之后，大量产能的投放使整个周期行业的总供给超过了当时经济本身的总需求，大量行业出现产能过剩，竞争格局恶化。

"工业化后期，尤其是刘易斯拐点之后，劳动力在收入分配中的占比逐步提高，那么拥有更多收入之后的人们有什么强需求未被满足呢？这就会为投资指明方向。这个阶段，即人们的吃穿用住行需求增长最快的阶段。在满足基本的生活需求之后，人们很自然地要追求精神方面的满足，因此娱乐需求会是一个未被满足的强需求。所以2012—2015年基本于此重配了传媒。

"当站在2016年初观察娱乐需求被满足的程度时，大体上觉得已经演绎得相对充分了，不管是院线、移动端都得到了较大的发展，而且市场对内容增速的预期非常高，资金大量投入。再重新思考下一个强需求会是什么，大概率是环境和健康。环境不难理解，雾霾、水污染等都给了大家直观迫切的感受，人们对更好环境的需求是强烈的。健康并非等同于医药，而指的是预防疾病和对疾病更好的治疗。人口老龄化、人均收入水平不断提升都决定了健康行业未来空间很大，不过目前还没有真正爆发。究其原因，首先是现在人的健康程度、健康意识、锻炼欲望要比之前高；其次是人口结构上，人口增长最快的 1962 年前后出生的那代人，现在 55 岁左右，身体状况还好，但是当他们到七八十岁时，即使再努力锻炼，年纪大了，健康需求也会非常大。"

孙庆瑞在每一个阶段最先研究的是大方向，看准方向的好处是即便我们上车的位置错了，时间也会把我们拉回来。但是方向错了，跑得再快也是徒劳。先找准方向，在正确的方向中寻找优质标的，自上而下，就能事半功倍。

我们通常犯的错误是，不研究行业，却会花很多时间研究很多具体的标的，每一个都买了，又好像每一个都没有盈利。

怎样避免错误？就是要先吃足够多的苦头，否则我们就不会改变。亏得不够多，我们就不会改变投资逻辑。这就是资本市场最残酷的地方。

4. 在不完备的信息条件下做出决策

红灯停，绿灯行，有了信号才能行动。交易也是如此，在你的交易系统之中，给出了买进信号时买进，给出卖出信号时卖出。但交易是在信息不完备的情况下做出决策。

　　在一段上涨走势中，我们并不知道当前的上涨是反弹还是反转。即便继续等它上涨一段幅度，我们还是不能判断。直到它上涨超过了前期下跌的起点时，我们才能判断此次上涨是反转，但已经晚了。现在买进，又会担心趋势是不是完结了，直到下跌时，信息完备了，可以判断这真的是下跌走势了，上涨趋势也已经全盘错过了。

　　所以如果在信息完备时才下手，已经没有机会了。我们只能在信息不完备的时候做决定，如果对了，就一直跟注。如果错了，立刻弃牌出局，截断亏损。

　　接下来的问题就是如何在信息不完备的情况下做出决策。实际上我们要具备的是见一叶落而知天下秋的能力，所以我们必须抓住最能提示真相的信息。天气变冷了，秋天就来了吗？不一定，夏天也有天气凉爽的日子。树叶自然飘落，才是秋天来了最明显、最接近真相的特征。

　　并且这个不完备的信息最好是单一信息。一叶落不需要再配合大雁南飞来验证秋天。你看到叶落，或是看到了大雁南飞等任何一种现象，都可以判断秋天即将来了。为什么最好是单一信息呢？为了使决策更快，更不受干扰。

　　如果你想配合两个信息来验证的话，你就难免会想要第三个信息。给你第三个信息的时候，你又想要第四个信息。并且有些信息是互相矛盾的，得到的信息越多，决策的时效性越差。

　　我们可能会看到很多人把三金叉当成买进信号：价格均线金叉、平均成交量金叉、指标金叉。为什么此时不是单一信息，而是三个信息呢？因为这三种金叉是同类信息，并且出现的时间基本一致，所以我们延展单一信息的范围，同类、同质信息也是同一信息。

以双均线系统为例，有些人会在金叉的基础上加入双均线斜率必须大于 0 的验证条件。这就不是单一信息了，而是双向交叉验证。在回测的数据中你会看到，单一信息的成功率低于交叉信息验证，但单一信息的盈亏比要高于交叉信息验证。这是因为单一信息的时效性更强，可以在趋势形成之后更早地建仓，也可以在趋势反转之后更早地平仓。交叉信息因其信号多样，早迟不一，完全统一之后，必然带有滞后性。

股谚有云："入市慢如牛，出市快如兔。"我们也可以根据交叉验证来建仓，根据单一信息来平仓，这是结合两种信息的优化方案之一。

顺应事物发展的规律，即"合时宜"；不顺应，即"不合时宜"。在市场中无法长期稳定盈利，其根本原因就是不合时宜。我们都想做"合时宜"的事，问题是我们不知道现在的"时宜"是什么，那就没办法去"合"。所以想要顺应投资逻辑，首先要搞清楚当前的"时宜"是什么。

5. 不要做无意义的思考与提问

做投资要会思考、会提问。思考与提问还存在会与不会的问题吗？当然存在。例如，明天会下雨吗？明天是涨还是跌？这些都是不明智的问题。明天是否下雨，虽然有天气预测，但也仅仅是给出概率。明天是涨还是跌，那更是只有上帝才知道的事情。这类问题问与不问，对于决策毫无用处。

会思考，不是胡思乱想。思考首先要讲逻辑，如很多人问我："如果我用条件 A 加条件 B，设计一套交易系统，行不行？"思考是不断提出准确的问题，提出直指核心的问题，并试图解决问题的过程。如果没有经过提问并思索答案的过程，那就是胡思乱想，并不是思考。

如果我想问现在是不是市场的底部，我应该怎么办？我应该回答什么是市场的底部，首先流动性要增加，其次经济要转暖，不确定性降低，市场预期好转，大问题变成了几个小问题。经过了这样的提问，并根据问题给出答案，这个过程才是思考。

在你还不知道自己想要什么的情况下，贸然提出解决方案，那是无的放矢吗？我在回答这类问题的时候，通常会借用诸葛亮问刘备的一句话："愿闻将军之志。"

还有人会问，现在应该买还是应该卖？这同样是一个不明智的问题，因为这是没有针对性的提问。思考是系统性行为，不能从单一层面进行发问。回到问题的开始，货币流动性是否收紧或有收紧预期？经济是否出现下滑？不确定性是否扩大？市场预期是否转冷？如果是窄基，行业是否出现了过剩？所以这不是一个单一层面的问题，系统需要层级叠加，必须考虑到每一个方面。

每个人看待问题的角度不一样，你问一百个人，可能有一百种建议。但这些建议都是从回答者自身的角度来提出的，并不是你的角度，所以对你来说，任何在具体方法上的建议都没有意义。有意义的是那些帮助你打破你的思维盲区、理顺逻辑冲突的建议。

会提问，才能准确、有效率地思考。思考，也是让你不断提出直指核心的问题。

6. 真正的复利不是不停地低买高卖

我们都知道什么是复利，民间俗称"驴打滚、利滚利"，《白毛女》中的杨白劳与喜儿就深受其害。

复利的效用不必赘述。问题在于，很多人对于复利的理解出现了偏差。想象一下，如果我们以 35000 元做 10 手豆粕（满仓），赚了 35 点，也就是 3500 元之后，现有资金变成了 38500 元，平仓。再以 11 手的数量继续做豆粕，只要赚到 35 点之后，便多加1 手。这算不算复利呢？当然算，这是利滚利。但这不是最好的复利形式。

虽然每年定期投资，但若产生复利，是不是还要我们不停地低买高卖呢？比如我现在有 100 元钱，股票的价格为 10 元的时候买进 10 股，等它涨到 12 元的时候卖出，本利共 120 元。当它价格再回到 10 元的时候再买进 12 股，等它再涨到 12 元的时候卖出，本利共 144 元。如果是这样的操作，不要说非专业人士，哪怕是在市场中摸爬滚打几十年的专业人士，也无法做到万无一失。

既然不是这样，那么在资本市场上是如何做到复利的呢？当然，低位减、高位增长也是我们后文要讲的基本操作之一，但根本不会出现这么频繁的操作。

要想了解资本市场的复利如何产生，我们首先要了解复利都有哪些因素。

100 元存银行，年利率 5%。1 年后连本带息共 105 元。再连本带息存入银行，1 年后连本带息共 110.25 元。

收益 = 本金 × $(1+利率)^{时间}$。

在复利的概念中，利率基本固定，时间不断增长。利率与本金是相乘的关系，而与时间是指数关系。利率重要，还是时间重要，一目了然。

但复利公式指出，在一定时间内，必须连本带利地取出资金，再次存入。如果只看表象，相当于我们买入某标的后，价格走高卖出，连本带利再一次买进。如此反复操作，才称得上是复利。这可以作为一般性的理解，但在资本市场中基本无法实现，可操作性极差。

一般投资者会有两点疑惑：

（1）为什么价值投资者，特别是巴菲特，动辄持股 10 年以上，甚至巴菲特还说可口可乐一辈子都不会卖出？既然没有反复交易，是怎么产生复利的呢？

（2）如果我们按 10 元的价格买进 100 股，成本 1000 元。当股价上涨至 15 元时，连本带利卖出，得到 1500 元。如果再次买进的话，当前价格是 15 元，买进 100 股还是需要 1500 元，卖出与不卖出并无区别。要说区别，不过是增加了手续费而已。怎么才能体现复利的反复操作呢？要等到价格再次下跌到 10 元才行，那它要是不下跌呢？

复利好像是让我们要反复低价买且高价卖，这好像又与投资的理念相悖。价值投资只有在标的价格极度被高估，或经营出现问题的时候，才会卖出离场。其实价值投资的着眼点在于标的背后的价值，除了价格被极度高估外，价值投资并不看重价格的波动。

价值投资的复利思想是如何体现的呢？

在投资中，首先要满足两个首要条件。

（1）标的有长期赚取稳定现金流的能力。

（2）价格足够低，有相当大的安全边际。

我们在筛选标的的时候，最基本的要求是标的的净资产收益率（ROE）能够达到无风险收益率以上，再加上风险收益的加乘，最好能达到无风险收益率的 2 倍。

假设当前无风险收益率为 4%，那我们至少要求标的 ROE 达到长期稳定的 8% 以上，不知道是不是巧合，已上市的所有企业 ROE 的中位数恰为 8%（左右）。

再次引入复利公式：收益 = 本金 × $(1+利率)^{时间}$。

投资就是要做这个标的的"老板"（之一），所以复利公式中的利率是什么？是该标的的净资产收益率。把你自己代入"老板"的角色中，该标的是否给你赚钱的指标不就是净资产收益率吗？

那我们就可以改写一下复利公式：

收益 = 本金 × $(1+ROE)^{时间}$。

复利中的利率基本是不变的吗？在这里，净资产收益率替换了利率以后，最小筛选条件是 8%，最高可以无限大，所以净资产收益率只能往大了变，不能往小了变。

如此，当标的的净资产收益率在某一年低于 8% 的时候，说明标的本身长期赚取现金流的能力不足了。这违背了两个投资条件中的第一个，因此要离场卖出。

试想一下，要产生复利，应该是你来操作，还是标的来操作？

并不是你来操作，你只要长期持有它即可。标的反复地连本带利投入生产，取得回报，再连本带利投入生产，再取得回报。那不是你的工作，那是标的本身的工作，或者说那是职业经理人的工作。你只要一直拥有它就够了。

ROE 有一个最小值，时间越长，企业赚的钱越多，也就是作为"老板"的你赚的钱越多。长期来看，价格会回归价值，所以投资的收益也被称为"时间的玫瑰"，因为是时间指数的作用产生收益。

我们再来看短炒做 T，以 100 元买 5 股，以 120 元卖掉，再买 6 股，这是不是复利呢？这只是复利的表象，不过这不是标的在做事，而是你在做事。

假设企业用 20 元的成本生产 5 个产品，成本 100 元；再以 24 元的价格卖出，收入 120 元，获利 20 元；再以 20 元的成本生产 6 个产品……如此循环往复。

来看复利公式：收益 = 本金 × （1+ 利率）^{时间}。

利率是什么？在这个例子里其实是利润率，（24-20）/20=20%。

时间是什么？次数，循环的次数越多，指数越大。这虽然也称得上复利，但这不是价值投资的复利。

为什么？

因为价值投资不讲究择时，而 20 元买，24 元卖，20 再买……这是择时交易。为什么真正的价值投资者并不太关注择时？因为他认为所有人都无法通过择时交易战胜市场。当然，择时交易者也认为价值投资者太呆板，不灵活。

因此产生复利并不是把任务交给自己，而是发现可以稳定产生复利的标的，并且成为它的老板。短炒做 T 的交易者并不把自己当成老板，而是把自己当成生产者，不断地寻找产生复利的机会。

价值投资者，是伯乐。

短线交易者，或许是千里马吧。

👤 7. 风险、报酬和不确定性

虽然每个人都知道没有 100% 成功的交易方法，但是厌恶损失的心理让人们无法直面亏损，哪怕是一丁点的亏损。如果在建仓之后出现了账面浮亏，潜在的亏损交易者只会采取两种做法：等价格再回到成本就走，然后错过原本看对的方向；或者在价格回到成本的时候改主意了，直接拉到爆仓，再没有平仓的机会。

如此看来，潜在亏损者要么小赚，要么爆仓。而这正是与潜在盈利者相反的操作，真正能在市场上赚到钱的人，都会截断亏损，并且让利润奔跑，也就是要么小亏，要么大赚。盈与亏之间，其实就是这一点区别。

那么如何正确面对亏损呢？其实这是心理账户的问题。著名相声演员郭德纲说相声没有好与坏之分，只有会与不会之别。交易也是一样，没有好的交易者，也没有坏的交易者，只有会交易的交易者与不会交易的交易者。

会交易的交易者不会区分心理账户，而不会交易的交易者的心理账户有所区分。什么是心理账户？举一个例子，你想买一台单反相机，但舍不得花钱，因为你的钱都是辛辛苦苦赚来的。如果你因为买彩票中了几万元钱，你就会愿意花钱，因为这钱是"白捡"的。

钱对你来说都是一样的，花钱买单反相机对你的效用也是一样的。因为钱的来路不同，你就做出本应该一致却完全不同的决定。这就是心理账户，它就像你有两个钱包，一个钱包里的钱精打细算，另一个钱包里的钱大手大脚地花。

　　精打细算与大手大脚都走了极端，进入这个市场来交易，其实就是一份工作、一桩生意或者是一场需要支付真实筹码的游戏。你要做的是把工作做好，把生意打理好，把游戏玩好。在这些方面，我们都会止损，出了问题先撤，再想别的办法。为什么在交易中就做不到呢？因为我们区分了心理账户。

　　用长时间付出体力、精力而获得的收入来投资，几天之内出现巨大亏损，这是投资者不能接受的。主动收入是精打细算的心理账户，短时间失去它就会造成挫败感，继而不想让自己失去它，于是不打算截断亏损，继而爆仓。

　　如果这笔钱是我们上一笔交易所得呢？两天前赚了一个涨停，今天亏回去了，虽然也有挫败感，但其程度并不比失去两个月的工资强烈，这是大手大脚地花的账户，投资者很可能在亏损之初便会截断亏损。

　　一切都一样，其区别不过是钱从哪里来，最终的结果便有着天壤之别。

　　我们经常会说富人赚钱相对更容易一些，因为他们钱多吗？并不是，是因为他们并没有心理账户。他们不会区分轻而易举得到的钱与辛苦赚来的钱吗？当然不是这样，因为富人的钱大多不是通过重复性劳动赚到的，而是通过资产收入获利，所以虽然我们说富人的钱也不是大风刮来的，但其远远达不到需要区分心理账户的程度。

　　所以李笑来在一次演讲时说过，想要实现财富自由，要具备两个条件：重复性收入和独一无二的价值。例如，出版了一本超级畅销书，书只需要写一次，而不断再版的稿费是重复性收入，并且这本超级畅销书只有你能写，别人写不出来，这就是独一无二的价值。

二者缺一不可。例如，你会钉马掌，这在现在属于稀缺职业，称得上具有独一无二的价值，但你只能钉一个马掌赚一次钱，谈不上有重复性收入。如果你没有独一无二的价值，也根本不可能有获得重复性收入的机会。

现在可以来谈谈穷人思维与富人思维了。所谓"成功细中取，富贵险中求"，这句话不能曲解，并不是说想要富贵必须火中取栗，而是说，若得富贵，必冒风险，但这风险必须是可控的。

穷人思维是不想冒风险却死抗风险，浮亏出场是万万不可以的，他们认为浮亏不是真正的亏损，只有平仓了，亏损才真正出现。其实死扛并不是没有冒风险，只是不想承认且不敢面对它而已。

富人思维才是真正的不冒风险，因为他们无时无刻不在积极管理风险。他们会考量最坏的情况是什么，衡量自己将冒多大的风险，这种风险自己是否经受得起。如果在事情进展中风险超出了预期，他们会毅然撤离。

谁有恒心？有恒产者，所以富人才会更积极地管理风险。谁赚钱更容易，自然是一目了然。

即便我们现在不是富人，想要实现财务自由，也必须具备富人思维。

对于风险、报酬和不确定性，我们唯一要做的是什么？输小赢大。确定每一次交易的最大亏损金额，如我采取的是每次交易的最大亏损金额不能多于总资金的2%，这样可以利用止损幅度倒推交易数量。在跟踪趋势的过程中，趋势形成时，给我们的利润会远远超过 2%，盈亏比大于 1，只要成功率过得去，数学期望值便为正。

我们来计算一下：

当盈亏比为 1.1 时，成功率达到 47.62%，数学期望值大于 0，47.62% × 1.1–52.38% × 1>0；

当盈亏比为 1.2 时，成功率达到 45.45%，数学期望值大于 0，45.45% × 1.2–54.55% × 1>0；

当盈亏比为 1.3 时，成功率达到 43.48%，数学期望值大于 0，43.48% × 1.3–56.52% × 1>0；

当盈亏比为 1.4 时，成功率达到 41.67%，数学期望值大于 0，41.67% × 1.4 – 58.33% × 1>0。

…………

积极管理风险，不要区分心理账户，而是把交易当成一份工作来做，亏小，赚大，只要具备了这样的思维，我们就可能成为富人。

第六章

中期资金：基金常识

普通投资者最好的投资渠道就是基金，除了指数型基金外，其他类型的基金有团队的专业优势，有快捷的资讯优势，有雄厚的资金优势，投资基金比在投资市场上单打独斗要可靠得多，并且从我们付出的精力和试错成本来看，独自投资的成本与产出并不对等，事倍功半。如果没有特殊情况，我们推荐用于投资的中期资金最好以基金为主要投资渠道。普通投资者最好的投资方式是基金，基金包括股票型基金、债券型基金、货币型基金、混合型基金、指数型基金、QDII基金和FOF基金。

👤≣ 1. 股票型基金

　　股票型基金的股票仓位不能低于 80%，其他仓位可以投资债券，或者干脆持有现金。由于股票型基金的仓位绝大部分是股票，股票本身具有高波动性，所以股票型基金的优势和劣势也都源自它的高波动性。图 6-1 为通达信股票型基金指数与沪深 300 指数 2018 年 10 月至 2022 年 6 月对比图。

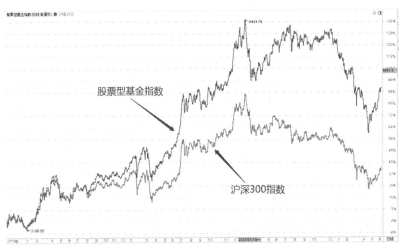

图 6-1　通达信股票型基金指数与沪深 300 指数 2018 年 10 月至 2022 年 6 月
对比图

　　我们以 2018 年 10 月为基准对比，股票型基金的收益率与指数基本相差无几，随着指数的上涨，股票型基金的优势逐渐凸显出来，到了 2022 年 6 月，它比沪深 300 的收益率要高出 50% 以上。

但从图 6-1 中也能看到股票型基金指数与沪深 300 指数的峰谷序列基本一致，也就是说，股指涨的时候股票型基金也在涨，股指跌的时候股票型基金也在跌，只是幅度不同。股票指数在波动，股票型基金也在波动，而且波动很大，所以选择股票型基金上车的位置是关键。

图 6-2 为华夏全球基金与沪深 300 指数 2015 年 8 月至 2022 年 6 月走势对比图，走势波动性极大。截至 2022 年 3 月 1 日华夏全球基金股票占净比为 88.51%，持仓前十大行业占净比分别为信息技术 39.82%、非必需消费品 17.92%、通信服务 8.68%、必需消费品 5.36%、金融 4.35%、保健 3.56%、材料 3.47%、能源 2.63%、房地产 2.18%、工业 1.57%。

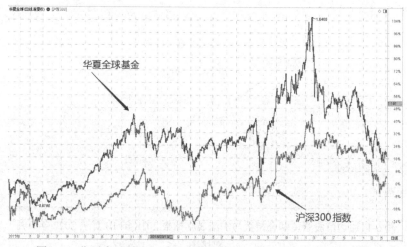

图 6-2　华夏全球基金与沪深 300 指数 2015 年 8 月至 2022 年 6 月
走势对比图

图 6-3 为广发港股通成长精选 C 基金与沪深 300 指数 2020 年 9 月至 2022 年 6 月走势对比图。截至 2022 年 3 月 31 日前十

大股票持仓占比分别为腾讯控股 9.26%、美团 -W8.1%、比亚迪股份 7.82%、快手 -W6.88%、申洲国际 6.31%、舜宇光学科技 6%、信义光能 5.19%、广汇能源 5.15%、中国移动 3.56%、信达生物 3.49%，前十大股票持仓占比合计 61.76%。

图 6-3　广发港股通成长精选 C 基金与沪深 300 指数 2020 年 9 月至 2022 年 6 月走势对比图

2. 债券型基金

债券型基金以国债、金融债等固定收益率金融工具为主要投资对象，由于收益比较稳定，所以也被称为固定收益基金。如果全部投资到债券则称为纯债券型基金，如果有一部分不是债券则称为偏债券型基金或增强型债券基金，这类基金会把一部分仓位投入可转债或股票中，但同样规定债券型基金投资债券的份额不得低于 80%。图 6-4 为通达信债券型基金指数与沪深 300 指数 2005 年 1 月到 2022 年 6 月走势对比图。

图 6-4　通达信债券型基金指数与沪深 300 指数 2005 年 1 月到 2022 年
6 月走势对比图

　　图 6-4 中偏下方稳定上行的曲线是通达信债券型基金指数走势，另一个波动较大的曲线是沪深 300 指数。从图中可以看出债券型基金走势相当稳定，基本不受股票市场波动的影响，为什么？因为它的收益是固定的，不论股票涨跌，债券借出去的钱总是要收利息的。

　　图 6-5 为南华瑞恒中短债债券 C 基金与沪深 300 指数 2019 年 2 月至 2022 年 6 月走势对比图。图中南华瑞恒中短债 C 基金出现单日收益大幅跳涨的情况，通常有两种原因：与遭遇大额赎回有关，会出现可观的赎回费计入基金资产，导致净值飙升的情况；在遭遇较大份额赎回时，又恰逢基础市场大涨，也会导致基

金随之上涨。截至 2022 年 3 月 31 日持仓占比分别为国开 17 占 54.65%、03 国债（3）占 29.75%，持仓占比合计 84.4%。

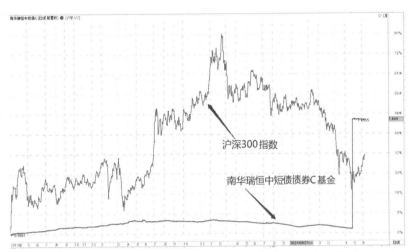

沪深300指数

南华瑞恒中短债债券C基金

图 6-5　南华瑞恒中短债债券 C 基金与沪深 300 指数 2019 年 2 月至 2022 年 6 月走势对比图

图 6-6 为宝盈融源可转债债券 A 基金与沪深 300 指数 2019 年 9 月至 2022 年 6 月走势对比图。它以可转债为主要投资标的，截至 2022 年 3 月 31 日持仓占比分别为中矿转债 13.18%、鹏辉转债 9.83%、G 三峡 EB1 占 9.69%、隆 22 转债 9.59%、石英转债 9.06%，前五大股票持仓占比合计 51.35%。它还有一些股票持仓，持仓占比分别为天齐锂业 6.93%、中科电气 6.9%、永兴材料 4.27%、中伟股份 0.92%，持仓占比总计 19.02%。从持仓可以看出债券的持仓占比超过 50%，虽然有股票持仓，但宝盈融源可转债债券 A 基金还是债券型基金。

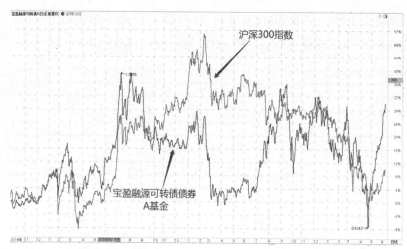

图 6-6　宝盈融源可转债债券 A 基金与沪深 300 指数 2019 年 9 月至 2022 年
6 月走势对比图

3. 货币型基金

货币型基金主要投资于债券、央行票据、回购等安全性极高
的短期金融品种，也被称为准储蓄产品。货币型基金的特点是本
金无忧，活期便利，定期收益，每日记收益，按月分红利。图 6-7
是货币型基金指数与沪深 300 指数 2005 年 5 月至 2022 年 6 月走
势对比图。下方缓慢上升的曲线是货币型基金指数，它的增速比
债券型基金指数还要慢，却显示出极端的稳定性。它的收益仅比
银行存款利息高出一点，每日记收益的特性也使得其收益可免征
所得税。

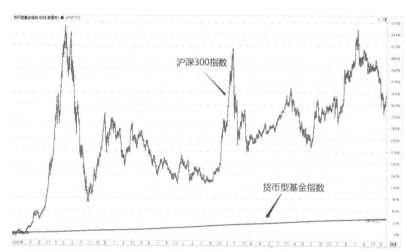

图 6-7　货币型基金指数与沪深 300 指数 2005 年 5 月至 2022 年 6 月走势
对比图

　　图 6-8 为天弘余额宝基金与沪深 300 指数 2014 年 8 月至 2022
年 6 月走势对比图，余额的收益不断走低。截至 2022 年 3 月 31
日它的持仓占比分别为债券 11.12%、现金 65.91%。

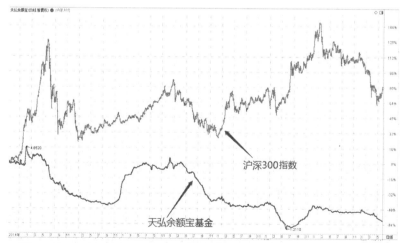

图 6-8　天弘余额宝基金与沪深 300 指数 2014 年 8 月至 2022 年 6 月走势
对比图

图 6-9 为汇添富汇鑫货币 B 基金与沪深 300 指数 2019 年 9 月
至 2022 年 6 月走势对比图。截至 2022 年 3 月 31 日债券占净比
49.71%、返售占净比 34.65%、现金占净比 15.82%。

图 6-9　汇添富汇鑫货币 B 基金与沪深 300 指数 2019 年 9 月至 2022 年 6 月
走势对比图

4. 混合型基金

混合型基金的投资组合中既有成长型股票，也有收益型股票，
还有债券等收益固定的投资。之所以什么都投，是为了让投资者
通过混合型基金就能一站式实现多元化投资，而不用分别去买股
票型基金、债券型基金或货币型基金。保守一点的混合型基金又
称为偏债型混合型基金，激进一点的混合型基金又称为偏股型混
合型基金。图 6-10 为通达信混合型基金指数与沪深 300 指数 2018

年 11 月至 2022 年 6 月走势对比图。

图 6-10　通达信混合型基金指数与沪深 300 指数 2018 年 11 月至 2022 年 6 月
走势对比图

对照混合型基金指数与股票型基金指数的走势会发现，它们
的峰谷序列基本一致。但以 2018 年末为基准，至 2022 年 6 月时
股票型基金收益率高出沪深 300 指数 50% 以上，而混合型基金的
收益率比沪深 300 指数高出不到 50%。

混合型基金在上涨趋势的市场中收益率低于股票型基金，但
在下跌趋势的市场中它的表现会比股票型基金好，因为混合型基
金的组合中包含比股票型基金更稳定的债券类组合。

例如，万家新利灵活配置混合基金，前十大股票持仓占总仓
位的 75.17%，债券持仓占总仓位的 0.47%；北信瑞丰稳定增强偏
债基金，前十大股票持仓占总仓位的 15.5%，债券持仓占总仓位的

46.9%。这是两种不同风格的混合型基金。

由于我们给出的混合型基金的指数是加权平均后的结果，混合型基金具有极强的灵活性，如果操作得当，在上涨趋势中偏股，在下跌趋势中偏债，它的收益率将会比纯股票型基金更高。图6-11为大摩双利增强债券C基金与沪深300指数2013年6月至2022年6月走势对比图，不论股指上涨还是下跌，它都稳健地向上，灵活性使它穿越了牛、熊年。

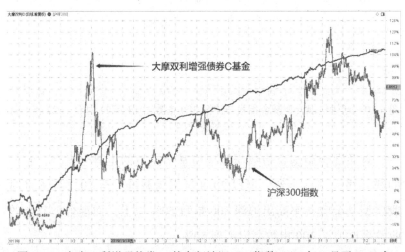

图6-11　大摩双利增强债券C基金与沪深300指数2013年6月至2022年6月走势对比图

图6-12为万家宏观择时多策略混合基金与沪深300指数2017年3月至2022年6月走势对比图。万家宏观择时基金截至2022年3月31日股票持仓占比较高，分别为陕西煤业9%、保利发展8.51%、淮北矿业8.5%、山煤国际8.35%、潞安环能8.25%、金地集团7.81%、万科A6.94%、新城控股6.55%、平煤股份5.73%、山西焦煤5.54%，前十大股票持仓占比合计75.18%。

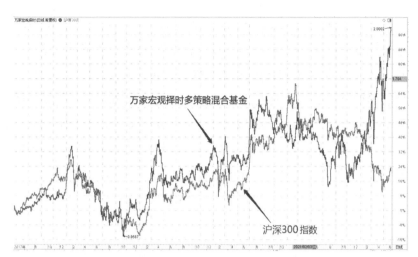

图 6-12　万家宏观择时多策略混合基金与沪深 300 指数 2017 年 3 月至 2022 年 6 月走势对比图

5. 指数型基金

指数型基金是以特定指数为标的指数，以该指数的成分股为投资对象，通过购买该指数的全部或部分成分股构建投资组合，以追踪标的指数表现的基金产品。指数型基金基本上是力求完美复刻某一指数，并不主动筛选个股，所以也可以称为被动型基金。

我们在前文提到过的上证 50ETF，即是以上证 50 指数为标的指数，购买上证 50 指数中的成分股来复刻上证 50 指数，力求达到与上证 50 指数同样的收益率。类似于 50ETF、300ETF、180ETF 等覆盖很多行业的基金，也可以称为宽基指数基金。还有一些聚焦某行业的指数基金，如保健 ETF、芯片 ETF 等，或上证金融指数、深证消费指数等。

图 6-13 为广发中证全指汽车指数 A 基金与沪深 300 指数 2017 年 7 月至 2022 年 6 月走势对比图。指数型基金的走势波动较大，并且该基金以汽车类标的为主要投资目标。截至 2022 年 3 月 31 日它的前十大股票持仓占比分别为：上汽集团 16.73%、比亚迪股份 15.17%、长安汽车 12.34%、长城汽车 9.61%、广汽集团 6.99%、小康股份 5.02%、北汽蓝谷 4.58%、庞大集团 3.41%、广汇汽车 2.72%、力帆科技 2.27%，前十大股票持仓占比合计 78.84%。

图 6-13 广发中证全指汽车指数 A 基金与沪深 300 指数 2017 年 7 月至 2022 年 6 月走势对比图

2022 年 6 月汽车类板块强劲反弹，如图 6-14 所示，所以以汽车类为主要投资标的的广发中证汽车指 A 基金收益率飙升。

图 6-15 为泰康港股通大消费指数 A 基金与沪深 300 指数 2019 年 4 月至 2022 年 6 月走势对比图。截至 2022 年 3 月 31 日持仓占比分别为美团 -W10.58%、药明生物 6.7%、创科实业 5.66%、比亚迪股份 4.79%、李宁 4.3%、农夫山泉 3.57%、安踏体育 3.23%、

蒙牛乳业 3.21%、银河娱乐 2.5%、百济神州 2.5%，前十大股票持仓占比合计 47.04%。

图 6-14　通达信汽车类指数 2021 年 11 月至 2022 年 6 月日线走势图

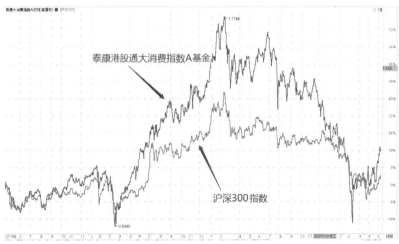

图 6-15　泰康港股通大消费指数 A 基金与沪深 300 指数 2019 年 4 月至 2022 年 6 月走势对比图

👥 6. QDII 基金

QDII 基金是在一国境内设立，经该国有关部门批准从事境外证券市场的股票、债券等有价证券业务的证券投资基金。它是在货币没有实现完全可自由兑换、资本项目尚未开放的情况下，有限度地允许境内投资者投资境外证券市场的一项过渡性的安排。我们可以通过 QDII 基金进行全球性资产配置。

图 6-16 为通达信 QDII 基金指数与沪深 300 指数 2010 年 5 月至 2022 年 6 月走势对比图。QDII 基金指数收益率的标准差低于沪深 300 指数，波动幅度更小，但既然 QDII 基金是全球性资产配置，那就不能用沪深 300 指数来做对比了。

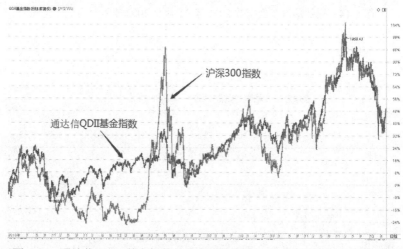

图 6-16　通达信 QDII 基金指数与沪深 300 指数 2010 年 5 月至 2022 年 6 月
走势对比图

图 6-17 为跟踪纳斯达克指数的广发纳指 100ETFA 与纳斯达克指数 2012 年 7 月至 2022 年 6 月走势对比图。截至 2022 年 3 月 31

日广发纳指 100ETFA 持仓占比分别为苹果 12.44%、微软 9.74%、亚马逊 6.92%、特斯拉 5.12%、英伟达 4.06%、谷歌 C3.97%、谷歌 A3.51%、Meta Platforms 2.19%、好市多 1.48%、博通 1.48%。

图 6-17　广发纳指 100ETFA 与纳斯达克指数 2012 年 7 月至 2022 年 6 月走势对比图

7. FOF 基金

"FOF"全称为"Fund of Fund"，意为"基金的基金"。我们前文提到过的政府引导基金就是 FOF 基金的一种。FOF 基金是以基金为投资标的，它不直接投资股票、债券等有价证券，而是通过专业机构对基金进行筛选，帮助投资者优化基金投资效果。

图 6-18 为通达信 FOF 基金指数与沪深 300 指数 2018 年 5 月至 2022 年 6 月走势对比图。FOF 基金指数的波动标准差极小，因

为它的特点就是不求大涨，只求稳定上涨。它不直接投资具体的有价证券，而是通过投资基金，基金再次投资，做到两次风险分散。

图 6-18　通达信 FOF 基金指数与沪深 300 指数 2018 年 5 月至 2022 年 6 月
走势对比图

图 6-19 为海富通聚优精选混合 FOF 基金与沪深 300 指数 2017 年 11 月至 2022 年 6 月走势对比。海富通聚优精选混合 FOF 基金的前十大基金持仓占比分别为兴全绿色投资混合 8.86%、汇丰晋信动态策略混合 A7.06%、交银趋势优先混合 6.8%、中欧价值发现混合 C5.15%、海富通瑞福债券 4.59%、华安逆向策略混合 A4.53%、国富深化价值混合 4.21%、国富深化价值混合 4.21%、国富中小盘股票 3.93%、信达澳银新能源产业股票 3.31%、新华泛资源优势混合 3.25%，前十大基金合计持仓占比 55.9%。需要注意的是，海富通聚优精选混合 FOF 基金的持仓都不是具体的有价证券，而是各种基金。

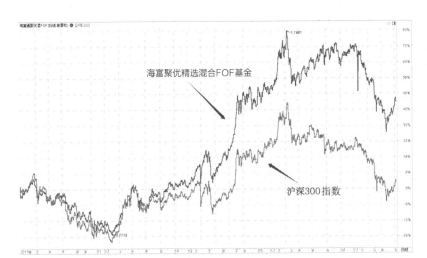

图 6-19　海富通聚优精选混合 FOF 基金与沪深 300 指数 2017 年 11 月至
2022 年 6 月走势对比图

8. 各类型基金的特点

不论是哪种基金，对于普通投资者来说，我们都推荐开放式公募基金。它的优势是门槛低，随时可以购买和赎回。封闭式基金有相当长的封闭期，如果已经上市，可以在二级市场中交易。私募基金门槛非常高，通常情况下 100 万元起投，并且有较长的封闭期，在不能上市的情况下流动性极差。

（1）股票型基金的特点是波动大，风险大，收益大。在巨大涨幅出现后再买进股票型基金，很容易被套牢，所以投资股票型基金最重要的是择时，最好能提前布局。

价格的涨跌并不是直线向上或直线向下的，而是波动的。《华尔街幽灵》的作者建议我们买一把可以前后摇动的椅子来时刻提醒我们价格是在波动中前行的。

如果承受波动性与获得高利润正相关，那么只有当波动性越大的时候，我们的潜在收益才越大。那么波动性并不是某些评判机构眼中的问题，而是追求绝对收益交易者的朋友。

波动性既是存在的，又是不可预测的，并且波动性与潜在收益正相关，我们唯一能选择的就是承受波动性。承受波动性，是对程序化跟踪趋势交易者的试炼，所以索罗斯会说："如果你未准备好忍受痛苦，那就不要再玩这种游戏。"

（2）对于债券型基金，债券的波动性天然比股票更小，并且债券的利息收益比股票的涨跌更稳定，所以债券型基金追求的是高安全性的长期收益，而不是高波动性的短期收益。

债券价格受利率影响，并且与利率呈负相关关系。即利率下降，债券价格上升；利率上升，债券价格下降。这好像与我们的直觉是相反的，为什么呢？

若某债券利率是5%，票面价值是100元，那么一年后的利息是5元，连本返息是105元。我们反过来想，一年后价值105元的债券，在利率是5%的情况下，现在值多少钱？105/（1+5%）=100（元）。

再设想利率上升至10%，一年后价值105元的债券，在利率是10%的情况下，现在值多少钱？105/（1+10%）=95.45（元）。

若利率下降至3%，一年后价值105元的债券，在利率是3%

的情况下，现在值多少钱？ 105/（1+3%）=101.94（元）。

所以利率上升，债券价格下降；利率下降，债券价格上升。在降息周期内，债券价格会呈现上涨趋势。另一种解释是由于利率下降，部分存在银行的钱想要追求比银行利息更高的收益，就会从银行中流出，流入债券市场，从而推举债券价格上升。

如果债券出现普遍性违约的状况，利率变动也无法遏制预期下降。但中国从未发生过普遍性违约事件，买国债就是买国家信用，有国家信用背书，对于追求长期稳定收益的投资者来说，无疑有着巨大的吸引力。

（3）货币型基金相当于超短期或短期存款，如果有大额资金闲置，但又说不准什么时候会用到，可投资货币型基金。货币型基金的利息日结且比银行同时长利息高，免所得税，随时可以赎回，不必担心它的流动性。

（4）混合型基金正如其名，它兼顾了上述三种基金的特点，可以同时投向股票、债券以及货币工具，弹性极大。如果没有混合型基金，我们会根据需求分别投资三种基金，混合型基金为我们提供了多元化的解决方案。

格雷厄姆在《聪明的投资者》中提出一种债股同时投资的策略："我们曾建议投资者将其资金分配于高等级债券和蓝筹股上；其中，债券所占的比例不低于25%，而且不高于75%，而股票的比例则与之相适应。最简单的选择是，两者各占一半，并根据市场情况的变化进行小幅（比如5%左右）的调整。另一种策略是，当'感觉市场已处于危险的高位时'，将股票持有比例减少到25%；并在他'感到股价的下跌已使其吸引力与日俱增时'，将持股量提升到最大限度，即75%的比例。"

他还谈道："投资者应在其实际操作中，保持对债券和股票的均等投资。比方说，如果股价水平使股票的比例提高到55%，他就应该准备卖出1/11的股票，并将该笔资金投入债券，以恢复两者之间的均衡。反之，如果其持股比例仅为资金总额的45%，他就应当考虑拿出1/11的债券，将其转为股票投资。"

按格雷厄姆的意思，债市与股市理论上负相关（真实走势是否如此存疑），那么将总资金按50 : 50的比例分别投入债市与股市中，就像两个小朋友坐在跷跷板的两边。当债市一路上涨，同时股市下跌且市值份额达到55 : 45时，将债市的5%市值卖掉，再投入股市，形成新的50 : 50平衡。债市继续盈利，市值再次达到55 : 45时，再一次将5%的债市份额转到股市，重新达到平衡，循环往复。同样，股市盈利时，也要通过移仓来维持跷跷板的平衡。

这种做法会使得不论是债市还是股市，只要一方得利，就会在上涨的过程中不断地平仓，而另一方在不断下跌的过程中不断加仓。上涨一方越涨越高，持仓也越卖越少；下跌一方越跌越低，持仓也越买越多。上涨一方涨到顶时，它不再产生盈利并开始下跌；下跌一方跌到底时，它不再产生亏损并开始上涨。如此则做到了高位陆续卖出，低位陆续买进。

格雷厄姆还说，50 : 50只是权宜之法，如果我们能判断出债市优先还是股市优先，极限配置可以达到25 : 75或75 : 25，其区别就是"感觉市场已处于危险的高位时"还是"感到股价的下跌已使其吸引力与日俱增时"。那么混合型基金经理所做的事就是在这两种"感觉、感到"之间调配债股比例。

混合型基金进可攻，退可守，如果股债调配得当，会比纯股票型基金的收益率还要高。图6-20为通达信混合型基金指数与股票型基金指数2006年8月至2022年6月走势对比图。其间混合型基金指数比股票型基金指数的累积收益率高出近200%。

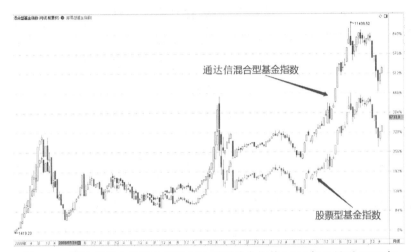

图6-20　通达信混合型基金指数与股票型基金指数2006年8月至2022年6月走势对比图

（5）指数型基金追求的是完美复刻指数，是被动型基金，所以是否投资指数型基金，不在于基金经理的操作，而在于自己的眼光。例如，如果认为沪深300指数未来要上涨，那就买进沪深300ETF。如果认为芯片行业未来要上涨，那就买进芯片ETF。投资指数型基金需要具有一定能力，对股票指数和行业趋势进行分析。

（6）QDII基金是全球性资产配置，不能一概而论。例如，上文中我们列举的是跟踪纳斯达克指数的基金，它本质上是一种QDII的指数型基金。所以投资QDII基金，还要根据上述特点进行筛选，是股票型、债券型、货币型还是指数型？由于它是全球性资产配置，除了考虑基金收益外，还要兼顾汇率的变化和赎回的延时。

（7）FOF 基金的特点是二次筛选，让基金帮我们挑选基金。如果我们既不想直接参与二级市场有价证券投资，也不想参与各种基金的筛选工作，那就直接省心省力地投资 FOF 基金。但二次筛选的劣势就是无论哪种特性都不是最好，也不是最坏，盈利能力不高不低，风险不高不低。图 6-21 为通达信混合型基金指数与 FOF 基金指数 2018 年 12 月至 2022 年 6 月走势对比图。三年半的时间中，混合型基金指数的收益率已经达到 FOF 基金指数收益率的两倍。

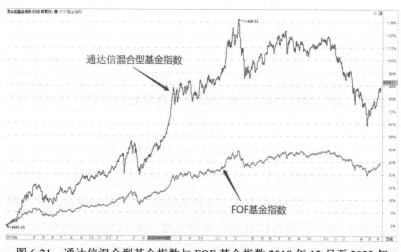

图 6-21　通达信混合型基金指数与 FOF 基金指数 2018 年 12 月至 2022 年
6 月走势对比图

🧑 9. 如何评价一只基金？

评价一只基金要从多个方面进行综合判断，我们拿一只具体的基金"××成长"来作为实例进行说明。

第一，当然要看成绩。就像考查一个学生的学习成绩一样，不能只看这一学期的成绩，还要看他最近几年的学习成绩，是由优变差，还是由差变优，或是一直保持着一定水平。考查基金的成绩，要看它一周、一月、一季、一年、几年的成绩，然后进行综合评判。

图6-22为××成长2021年12月至2022年6月走势图。从2022年开始到现在亏损22.13%，从2021年最高位置到现在亏损31.04%，从2021年最高位置到最低位置亏损41.28%。最近半年收益整体低于沪深300指数。

图6-22 ××成长2021年12月至2022年6月走势图

从上述数据来看，这并不是一只太好的基金，但是如果我们把时间拉长来看呢？图6-23为××成长2013年3月至2022年6月走势图。××成长的收益率一直高于沪深300指数，特别是2015年和2021年时。由此我们可以总结出××成长的特点：市场处于牛市时它有比股票指数更高的收益率；它基本追随股票指数的走势；整体来看，其收益率略高于股票指数。综合评判，这是一只既不好也不坏的普通基金，我们最好只在牛市时选择它。

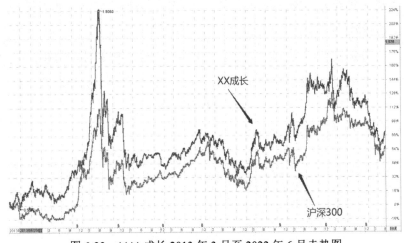

图 6-23 　××成长 2013 年 3 月至 2022 年 6 月走势图

　　第二，看结构。截至 2022 年 3 月 31 日，×× 成长持仓中，股票占净比 72.21%、债券占净比 20.76%、现金占净比 7.75%，总和超过 100%，因为有些时候基金经理人会做一些质押或融资。从结构来看，这是一只偏股型的混合型基金。既然是混合型基金，它有没有做到在市场下跌时调低股票仓位呢？

　　大盘指数是从 2022 年 1 月之后开始下跌的，×× 成长在 2021 年 12 月 31 日股票占净比为 67.78%，占净比较上一季度下降了 2.89 个百分点，虽然降低了股票的仓位，但显然还是太少了。大盘指数从 2022 年第二季度开始加速下跌，×× 成长有没有降低股票仓位呢？ 2022 年 3 月 31 日股票占净比 72.21%，占净比较上一季度上升了 4.43 个百分点。由此可以判断 ×× 成长对于债、股的调配并不使人满意。

第三，看同类型基金的比较。通达信软件会给出相关排名，×× 成长在混合型基金中排名第 1418/1691 位，根据上文对于债、股结构的数据分析，也就了解了它排名如此靠后的原因。

第四，看年化回报率。如果我们想做长期投资，不在乎短期涨跌，可以用年化回报率评估长期复合收益率。如果我们预计长期年化回报率在 10% 以上，那么就可以剔除年化回报率低于 10% 的基金。

第五，看最大回撤。索罗斯曾表示：对错不重要，重要的是对的时候能赚多少，错的时候能亏多少。没有百分百成功的交易，关键看错的时候能不能及时止损。我们投资基金也不希望短期内承受太大的亏损，即便长期来看是盈利的。如果确实要用到这笔钱，由于亏损太多而不得不在大幅亏损的情况下赎回，那就非常尴尬了。

×× 成长经历过几次重大回撤，分别是 2004 年 4 月至 2005 年 6 月 的 23.21%、2008 年 1 月 至 10 月 的 64.94%、2015 年 6 月 至 2018 年 10 月 的 58.97% 和 2021 年 2 月 至 4 月 的 41.28%。×× 成长几次熊市的回撤无一例外都赶上了，并且幅度都非常大，还有一段长达 3 年以上的持续回撤期，这就令人很难接受了。

此外，还要加入横向对比，同类混合型基金的平均最大回撤幅度是多少？最小的和最大的最大回撤幅度是多少？同期大盘指数回撤幅度是多少？

第六，看规模。对于大规模基金来说，根据规定它对单只股票的投资不能占基金总规模的 10%，也不能持有超过单只股票流通市值 10% 的股票，所以越大的基金越倾向于投资蓝筹大盘股，其收益率因此越贴近指数收益率。

××成长截至 2022 年 3 月 31 日总份额为 30.91 亿元，当前每份金额为 1.0240 元，总规模为 31.6518 亿元。相较于 2020 年 3 月 31 日的总份额 40.42 亿元，下降了 23.53%。表 6-1 所示为××成长前十大重仓股，大多是总市值在 500 亿元以下的股票。混合型基金的规模在 30 亿元至 80 亿元，所以××成长的规模并不算太大，理论上它应该赚到比大盘指数更高的收益率才对。

表 6-1　XX 成长前十大重仓股

股代简称	市值（元）	占净值比（%）	占流通股比（%）	总市值（元）	流通股本（元）
菲利华	1.75 亿	5.53	0.99	217.7 亿	4.75 亿
新雷能	1.66 亿	5.25	1.69	141.9 亿	3.01 亿
七一二	1.34 亿	4.23	0.50	236.1 亿	7.72 亿
药明康德	0.97 亿	3.06	0.03	2802 亿	25.51 亿
钢研高纳	0.85 亿	2.69	0.53	179.1 亿	4.5 亿
凯莱英	0.82 亿	2.6	0.53	682.1 亿	2.34 亿
中航沈飞	0.79 亿	2.5	0.10	1121 亿	19.59 亿
中航高科	0.73 亿	2.31	0.23	337.5 亿	13.93 亿
雷电微力	0.61 亿	1.92	2.05	177 亿	0.35 亿
航发动力	0.54 亿	1.71	0.05	1054 亿	23.29 亿

第七，看各种指标。其中包括阿尔法值、贝塔值、夏普值。

阿尔法值可以简单理解为高于对标指数的收益，如我们对标沪深 300 指数，同一时段沪深 300 指数下跌 10%，而我们的基金盈利 10%，则基金的阿尔法值为 20%。阿尔法值越高，跑赢平均收益的成绩越好。所以阿尔法值越高，说明基金经理的投资能力越强。截至 2022 年 3 月 31 日，根据通达信数据，×× 成长年化阿尔法值为 –0.1701，跑输对标指数。

贝塔值是指与对标指数的关联度，贝塔值越大，基金净值的波动相对于对标指数波动越大。例如，深沪 300 指数上涨 1% 时，基金净值上涨 1.5%，那么基金的贝塔值就是 1.5。贝塔值的高低并没有好坏之分，对于有持仓量要求的公募基金来说，上涨时贝塔值越大越好，下跌时贝塔值越低越好。截至 2022 年 3 月 31 日，根据通达信数据，×× 成长年化贝塔值为 0.8760，低于对标指数的波动。

夏普值是每多承受一个单位的风险，所能获得的额外收益。什么是额外收益？即总收益率减去资金成本。资金成本按银行存款利率计算。夏普值越高越好，如果多付出 100 元而只收到 1 元的额外收益，那就太不划算了。截至 2022 年 3 月 31 日，根据通达信数据，×× 成长年化夏普值为 –1.4013，夏普值小于 0 就非常糟糕了。

第八，看各维度能力。通达信软件中提供了每只基金关于管理经验、收益、风险、稳定性、选股和择时的六维数据，如图 6-24 所示。×× 成长只有择时排在略靠前的位置，其他五个维度基本都排名靠后，图右侧是一些指标数据。我们主要关注年化收益率、Alpha（阿尔法）、Beta（贝塔）、Sharpe（夏普）值和最大回撤即可。

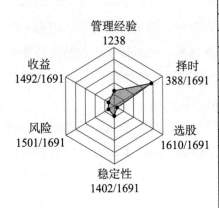

年化收益率	−41.01%
Alpha（年化）	−0.1701
Beta	0.8760
Sharpe（年化）	−1.4013
Treynor（年化）	—
Jensen（年化）	−0.1719
索丁诺比率（年化）	−1.8389
信息比率	−8.6550
年化波动率	26.85%
下行风险（年化）	20.4615
最大回撤	−40.57%
最大上涨	11.55%
跟踪误差	1.32%

图 6-24　××成长六维指标

综上所述，我们认为 ××成长是一只只有在市场稳定走强的前提下才可以配置的基金，它的回撤过大，各类指标并不出色。虽然是规模较小的混合型基金，但并没有体现出混合型基金的优势和灵活性。

第七章

中期资金：基金实操

我们把短期资金的开源节流做好了，基金的各种基础问题也都弄清楚了，就可以把短期资金的结余拿出来做投资，那么要如何选择基金呢？

这笔投资的本金应当是一两年之内不会动用的，而基金筛选也仅采用公开数据进行定量分析。必须强调，投资是动态的，标的会随着时间的推移而不断更迭，不要迷信标的本身。

👤≡ 1. 优中选优

　　基金的数量非常多，我们打开天天基金网，找到基金排名，可以看到截至当前的 11268 只基金。怎样才能在 1 万多只基金中找到较好的那一只？我们可以在基金排名的前 500 只、前 100 只、前 50 只或前 20 只基金内进行筛选，筛选范围根据自身精力的多少来定。

　　天天基金网会先为我们分类：股票型（2157 只）、混合型（6296 只）、债券型（2591 只）、指数型（1624 只）、QDII（224只）、LOF（343 只）、FOF（320 只）。如果我们不分类型，将会看到如表 7-1 所示的排名，前 20 名几乎都是石油、天然气、煤炭等能源类的 LOF 基金（上市型开放式基金）。但能源类基金有着强烈的周期性，除非特殊情况下，我们并不推荐投资商品类基金。

　　市场整体上涨时，股票型基金通常会赚取更多的利润。但在市场整体下跌时，股票型基金的回撤也比较多。若拉长时间来看，混合型基金的收益率普遍高于股票型基金，所以我们推荐攻守兼备的混合型基金，它也是所有基金类型中数量最多的一种，如表7-2 所示。

表 7-1 天天基金网不分类近 6 月降序排名前 20 只基金

基金简称	单位净值	累计净值	近 3 月	近 6 月	近 1 年	近 2 年	近 3 年
国泰大宗商品	0.537	0.537	24.59%	69.94%	80.20%	168.50%	20.67%
广发道琼斯石油指数人民币 A	2.1548	2.1548	31.27%	65.35%	80.91%	155.55%	140.76%
广发道琼斯石油指数人民币 C	2.146	2.146	31.09%	64.95%	79.73%	152.20%	137.76%
华宝标普油气上游股票人民币 A	0.805	0.805	33.34%	65.60%	74.05%	152.43%	80.49%
华宝标普油气上游股票人民币 C	0.7966	0.7966	33.19%	65.20%	73.14%	150.27%	—
信诚全球商品主题	0.67	0.67	21.60%	62.62%	65.84%	138.43%	71.36%
万家宏观择时多策略混合	1.9583	1.9583	27.48%	55.67%	43.92%	55.90%	67.68%
诺安油气能源	1.098	1.098	22.54%	55.52%	61.71%	105.23%	37.77%
万家新利灵活配置混合	1.5574	1.92	24.38%	49.28%	42.37%	58.93%	53.83%
长城中债 1-3 年政金债 A	1.5169	1.5169	49.05%	49.11%	49.71%	—	—
银华抗通胀主题	0.839	0.839	18.17%	49.02%	53.10%	102.17%	83.59%

续表

基金简称	单位净值	累计净值	近 3 月	近 6 月	近 1 年	近 2 年	近 3 年
万家精选混合 A	1.5032	2.7495	21.13%	44.43%	31.79%	46.07%	39.68%
南华瑞恒中短债券 A	1.4519	1.4519	42.16%	41.37%	40.08%	38.79%	43.57%
南华瑞恒中短债券 C	1.4531	1.4531	42.15%	41.27%	39.76%	38.59%	43.81%
招商中证煤炭等权指数（LOF）A	2.0567	1.4506	20.47%	36.93%	54.74%	187.20%	137.38%
招商中证煤炭等权指数（LOF）C	2.0552	2.0552	20.45%	36.87%	—	—	—
国泰中证煤炭 ETF 连接 A	2.2022	2.5022	20.40%	36.05%	59.70%	178.20%	—
富国中证煤炭指数（LOF）A	2.135	1.488	20.01%	35.99%	57.68%	178.79%	138.93%
富国中证煤炭指数（LOF）C	2.132	2.132	19.91%	35.88%	—	—	—
国泰中证煤炭 ETF 连接 C	2.1846	2.4846	20.32%	35.86%	59.23%	176.59%	—

表 7-2 天天基金网混合型基金近 6 月降序排名前 20 只基金

基金简称	单位净值	累计净值	近 1 月	近 3 月	近 6 月	近 1 年	近 2 年	近 3 年
万家宏观择时多策略混合	1.9583	1.9583	17.65%	27.48%	55.67%	43.92%	55.90%	67.68%
万家新利灵活配置混合	1.5574	1.92	16.98%	24.38%	49.28%	42.37%	58.93%	53.83%
万家精选混合 A	1.5032	2.7495	15.87%	21.13%	44.43%	31.79%	46.07%	39.68%
华夏饲料豆粕期货 ETF 连接 A	1.5813	1.5813	4.55%	2.77%	35.37%	21.24%	53.67%	—
中银证券健康产业混合	2.4716	2.4716	6.93%	16.53%	29.93%	38.78%	91.12%	170.95%
万家颐和灵活配置混合	1.7392	2.2392	12.14%	16.86%	29.91%	43.03%	92.24%	126.14%
金元顺安元启配置混合	2.9782	2.9782	7.71%	7.91%	23.86%	43.96%	114.80%	165.70%
中银证券价值精选混合	1.7577	1.7577	11.64%	17.03%	21.87%	31.58%	61.54%	69.32%
招商稳健平衡混合 A	1.1837	1.1837	10.03%	12.91%	18.38%	—	—	—
中庚价值品质一年持有期混合	1.6	1.6	8.92%	13.72%	18.29%	43.56%	—	—
招商稳健平衡混合 C	1.1783	1.1783	9.97%	12.70%	17.97%	—	—	—

续表

基金简称	单位净值	累计净值	近 1 月	近 3 月	近 6 月	近 1 年	近 2 年	近 3 年
建信易盛郑商所能源化工期货ETF 连接 A	1.1421	1.1421	5.98%	-6.15%	16.04%	-6.73%	—	—
中庚价值领航混合	2.4682	2.4682	9.56%	12.72%	15.85%	40.79%	71.93%	109.38%
建信易盛郑商所能源化工期货ETF 连接 C	1.1344	1.1344	5.93%	-6.26%	15.81%	-7.11%	—	—
华商甄选回报混合	1.2084	1.2084	13.95%	8.51%	12.72%	16.53%	—	—
万家双引擎灵活配置混合	2.7568	3.4468	20.93%	15.56%	11.64%	23.76%	65.87%	106.19%
易方达供给改革混合	2.7323	2.7323	19.85%	13.81%	11.60%	25.88%	124.31%	240.86%
招商安泰平衡混合	1.6194	3.7775	8.61%	8.88%	10.98%	12.92%	50.03%	85.04%
国泰黄金 ETF 连接 A	1.4921	1.4921	0.93%	-0.17%	9.94%	3.75%	2.03%	31.83%
国泰黄金 ETF 连接 C	1.4782	1.4782	0.90%	-0.26%	9.75%	3.39%	1.32%	30.51%

首先我们要筛掉与商品、期货相关的基金，商品本身具有强烈的周期性，除非有特殊情况，尽量不选，所以像国泰黄金 ETF、建信易盛郑商所能源化工期货 ETF 等先行排除。

我们最想选取一只回撤幅度小、稳定盈利的基金，其特点是小周期收益率低于大周期收益率，即一周收益小于一月收益，一季收益小于一年收益。

如果小周期收益大于大周期收益，说明在过去的某一时段中该基金出现过回撤。该差值越大，说明它回撤的幅度越大。

因此我们要把小周期出现巨额收益而大周期收益极小的基金剔除。我们给出的案例数据中，虽然有些基金的小周期收益高于大周期收益，但差值不是特别大，可以接受。

另外，需要与当前大盘指数走势进行对照，如果最近 6 个月大盘指数以上涨为主，但某基金的收益为负或低于大盘指数，则需要将其剔除。2022 年上半年整体市场以下跌为主，所以跌幅大于大盘指数的基金需要剔除。由于我们选取的是近 6 个月收益率前 20 名的基金，所以它们的收益率皆为正值。

我们还可以放大范围进行多轮筛选，如近 3 年、2 年、1 年、半年、1 季内排在所有混合型基金前 20% 的基金，如果某只基金在五轮筛选中都榜上有名，足可以证明它的稳健性。

举个例子来说，我查了近 3 年、2 年、1 年收益率入围前 50 名的基金，当我再想查近半年、一季还能入围前 50 名的基金时，发现之前的基金一个都没有入围。因为我的筛选条件太过苛刻，至少应该查全体基金入围前 20% 的基金，即至少在 1200 只混合型基金中进行筛选。

经过筛选，入围的基金有 14 只：前海开源新经济混合 A、大成新锐产业混合、国投进宝、大成睿景灵活配置混合 A、大成睿景灵活配置混合 C、国投瑞银先进制造混合、中海环保新能源混合、泰达宏利周期混合、大成国企改革灵活配置混合、交银趋势混合 A、华夏兴和混合、平安策略先锋混合、平安转型创新混合 A、平安转型创新混合 C。

需要注意的是，以上 14 只基金虽然已入围，但不代表它们是本书推荐的可投资基金。因为我们给出的分析方式都还属于定量分析，真正要做好投资，还需要定性分析，如果有机会近距离接触基金经理人，分析还会更准确。并且世异则事异，事异则备变，这个结果总会变化。

2. 资产配置

既然想按部就班地走财务自由之路，选择了用中期资金进行投资，也选择了买基金，那么买什么、买多少、何时买、何时卖就成了问题。买什么？当然是买稳定的。但在这个问题之前，我们先来回答一个更重要的问题——买多少？

2022 年 1 月至 4 月市场出现了大幅下跌，上证指数最低下跌 21.32%，深证指数最低下跌 25.82%，沪深 300 指数最低下跌 23.95%。包括我们选出的近 3 年、2 年、1 年收益率入围前 50 名的 14 只基金，自 2021 年净值高点至 2022 年净值低点的回撤幅度也相当大，如表 7-3 所示。

表 7-3　近 3 年、2 年、1 年收益率入围前 50 名的基金净值回撤跌幅

基金简称	净值回撤跌幅
前海开源新经济混合 A	39.17%
大成新锐产业混合	26.15%
国投进宝	47.36%
大成睿景灵活配置混合 A	25.23%
大成睿景灵活配置混合 C	25.43%
国投瑞银先进制造混合	50.22%
中海环保新能源混合	38.37%
泰达宏利周期混合	33.35%
大成国企改革灵活配置混合	26.4%
交银趋势混合 A	21.62%
华夏兴和混合	20.82%
平安策略先锋混合	35.04%
平安转型创新混合 A	35.91%
平安转型创新混合 C	36.12%

2022 年前 4 个月的一波大回撤，是检测一个家庭的资产配置情况的绝好机会。如果这一次的大回撤已经使你睡不着觉了，就代表你的资产已经有太多投放到资本市场中了，也就是说，你的资产配置其实已经失衡了。

投资若要获得成功，一定要让事业、生活和投资这个"铁三角"保持平衡。在回撤中反正什么事也做不了，这时应静下心来思考，在整个家庭资产配置中，用于投资的钱是不是太多了。如果是，过而改之，请在下一次投资时先想清楚，如果市场再出现 30% 以上的回撤时，你的生活会不会受到影响，你的事业会不会受到影响？如果还是会，说明这种投资方法或者投资的比重并不适合你。

2019 年进场的朋友们大多应该都有不菲的盈利，享受过了赚

钱带来的快感，2022 开始要付出"学费"了。2019 年至 2021 年算是比较好的年份，搭车赚钱是很正常的现象。2022 年前 4 个月的回撤可能让投资出现浮亏。这个时候要做的是找到投资体系的缺陷，使我们在下一个投资周期中能够亏得少一些、赚得多一些。

市场本身就存在波动，不是每年都有机会赚钱，也不是每年都一定亏钱。我们要珍惜每一次亏钱的机会，只有经历过亏损，才能提高投资能力，只要下一次能克服自身缺点，往后的收益将会越来越高。

年轻人最大的资本就是时间，有过而改之的机会，所以越是年轻，风险配置资金应该越高。我们可以简单地用年纪和风险资金配置的百分比作为互补数，如现在 20 岁，建议配置全部资金的 80% 在风险投资中。如果已经到 40 岁，只建议配置 60% 的资金在风险投资中。

当然，并不是说 60% 的资金一定比 80% 的资金少，因为随着年龄的增长，自有资金会越来越多，所以虽然看似 80% 的风险投资占比非常高，实际上并没有多少钱。刚接触投资的人肯定要交学费，即使风险投资占比较高，但总体也不会亏多少钱，反而获得了大量经验。经验是无价的，当我们有了丰富的经验，再加上越来越多的自有资金，虽然风险投资的占比不断减少，总额和收益率却是不断增多的。

短期资金、中期资金与长期资金的资产配置占比可以大致按年龄来进行划分。留出足够多的短期资金用于生活，中期资金占比为（100− 年龄）%，长期资金占比为（年龄）%。

中期资金又该如何配置？有 6 点：内、外、长、短、股、债。

（1）所谓有内有外，就是不单押一个市场。中国股票市场的特点是波动大、不稳定。上证指数自 2007 年回落以来，至 2022 年已有近 15 年的时间，至今还未走出这个震荡区间，如图 7-1 所示。但如果把它拉直，并不逊于美股指。美股指的特点是除了遭遇特大事件会出现一次深幅下跌外，总是稳定上行的，所以在内外各配置一半资金的情况下，既能时而乘上中国股快速上涨的快车，也能欣赏美股指慢慢上行的风景。

图 7-1　上证指数 2003 年 6 月至 2022 年 6 月走势图

关于内外配置，我们推荐配置指数基金，包括中国的可兼顾两市的沪深 300ETF 和美国的纳斯达克 ETF。图 7-2 为沪深 300ETF 与纳斯达克 ETF 2020 年 11 月至 2022 年 6 月走势对比图。图中两只指数 ETF 走势缠绕，也从侧面说明了同时投资两者可以规避其中一方带来的风险。两者综合投资，比只投资一种 ETF 更安全。

图 7-2　沪深 300ETF 与纳斯达克 ETF 2020 年 11 月至 2022 年 6 月走势对比图

从图 7-2 的起始点开始算起，沪深 300ETF 的收益率为 −10.67%，纳斯达克 ETF 的收益率为 −5.62%，如果从起始点开始各投 50% 的资金，则综合收益率为（ −10.67% × 50% − 5.62% × 50% ）= −8.15%。

虽然从这段时间来看是亏损的，但从长期来看，经济发展带来财富增加是必然趋势，那么指数上涨也是必然趋势。在盈利时我们可能会后悔为什么不投资盈利最高的那只基金，在亏损时我们可能后悔为什么不投入亏损最少的那只基金。有内有外的资产配置，其收益就能在两市之间取得平衡，其目的是规避任意一方带来的投资风险，所以一定要先了解这么做的目的是什么。

（2）关于长短配置，涉及短期、中期和长期资金的配置。前文已说过，我们应该留出足够多的短期资金来应付生活，按年龄来分配中期资金和长期资金。短期资金除了存入银行外，还可以放在货币型基金中赚取日结利息。

假设我现在 35 岁，中期资金的配置占比为 65%，长期资金的配置占比为 35%。中期资金可以投入股票型基金或混合型基金中，长期资金可以投入偏债型基金或纯债型基金中。我们以通达信混合型基金指数和通达信债券基金指数为例来进行计算。

以最近 10 年为投资时间单位，混合型基金指数收益率为 269.76%，债券基金指数收益率为 164.62%，综合收益率为（269.76%×65%+164.62%×35%）=232.96%，平均年收益率为 23.3%，年复合收益率为 8.82%。

平均年化收益率很高，但年复合收益率并不高。这并不影响我们既定的投资策略，因为我们选取的混合型基金指数的收益率包含了最好的混合型基金和最差的混合型基金，它是加权平均后的结果。如果我们掌握了基金的选择方法，就会摒弃最差的一部分基金，甚至是近 3 年、2 年、1 年所有基金中排名不在前 20% 的基金，那么混合型基金的投资收益率绝不只有 269.76%，比它高出一倍都不足为奇。

如果按高出一倍计算，综合收益率为（269.76%×65%×2+164.62%×35%）=408.31%，年复合收益率将达到 15.11%。对于普通人来说，这样的收益率已经非常高了。

如果我们能再花些心思，不断地精选基金，不断地追加资金，不断地高位止盈、低位买进，年复合收益率达到 20% 以上完全不成问题。

（3）有股有债，就是我们在第六章中说到的格雷厄姆投资策略。格雷厄姆认为省心的债股配置是 50∶50，如果有能力判断股市的牛熊情况，则可以在股市上涨过程中把债股配比设置为

30∶70，在股市下跌过程中把债股配比设置为 70∶30。

格雷厄姆还提到要不断地维持债股配比的平衡，不是进行初始投资后就不再管理了。而维持债股在某一配比上的再平衡，就是不断地从配比重的一头赎回资金，再投入配比轻的一头。当然，在维持平衡的过程中，就已经做到了不论债、股两市哪一边上涨、哪一边下跌，都会在上涨过程中不断逢高抛出，在下跌过程中不断逢低买入。格雷厄姆的投资策略一举解决了资产配置、买进、赎回三个问题，可谓"一石三鸟"。

那我们要按什么比例进行债股的资产配置呢？既然是债，可归为长期资金，还可以按年龄进行配置。

3. 它有阿尔法收益吗？

我们来回答投资基金的第二个问题：买什么？

我们在上一章以 ×× 成长基金为例进行说明，虽然它的累积收益率高于对标的沪深 300 指数，但毕竟是在极长的时间中只高出一点点，并且后来还跑输了对标指数。那么基金最基本的条件就是要比市场平均收益率高，如果不是，那还不如直接买指数基金赚取贝塔收益，我们选择主动型基金，目的就是赚取阿尔法收益。

我们以 2019 年 1 月为基准，至 2022 年 6 月，分别查看我在前文中筛选出的 14 只基金的净值走势与沪深 300 指数的走势，如图 7-3 至图 7-16 所示。

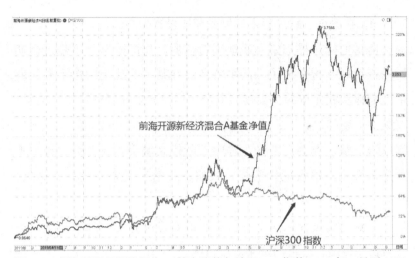

图 7-3　前海开源新经济混合 A 基金净值与沪深 300 指数 2019 年 1 月至 2022 年 6 月走势对比图

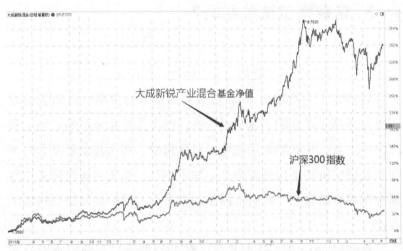

图 7-4　大成新锐产业混合基金净值与沪深 300 指数 2019 年 1 月至 2022 年 6 月走势对比图

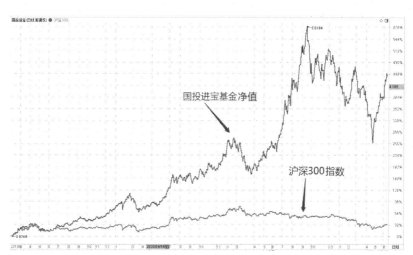

图 7-5　国投进宝基金净值与沪深 300 指数 2019 年 1 月至 2022 年 6 月走势
对比图

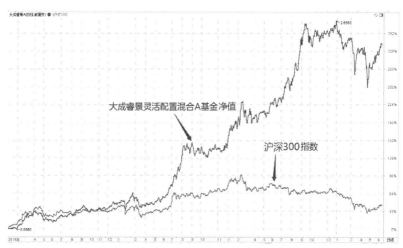

图 7-6　大成睿景灵活配置混合 A 基金净值与沪深 300 指数 2019 年 1 月至
2022 年 6 月走势对比图

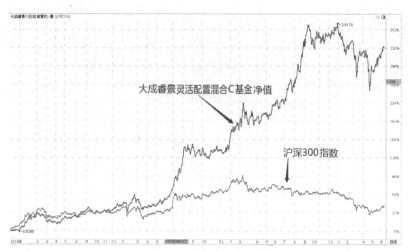

图 7-7　大成睿景灵活配置混合 C 基金净值与沪深 300 指数 2019 年 1 月至 2022 年 6 月走势对比图

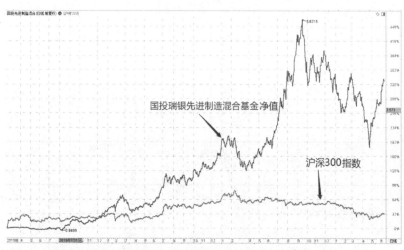

图 7-8　国投瑞银先进制造混合基金净值与沪深 300 指数 2019 年 1 月至 2022 年 6 月走势对比图

图 7-9 中海环保新能源混合基金净值与沪深 300 指数 2019 年 1 月至 2022 年
6 月走势对比图

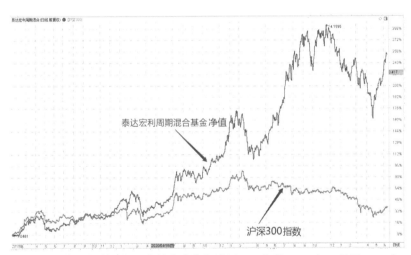

图 7-10 泰达宏利周期混合基金净值与沪深 300 指数 2019 年 1 月至 2022 年
6 月走势对比图

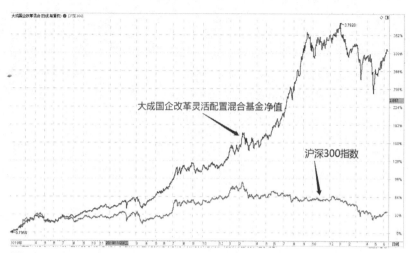

图 7-11 大成国企改革灵活配置混合基金净值与沪深 300 指数 2019 年 1 月至 2022 年 6 月走势对比图

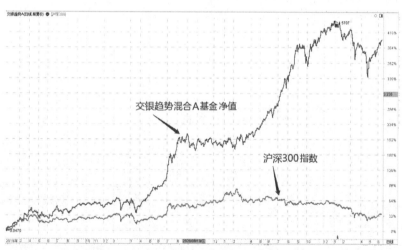

图 7-12 交银趋势混合 A 基金净值与沪深 300 指数 2019 年 1 月至 2022 年 6 月走势对比图

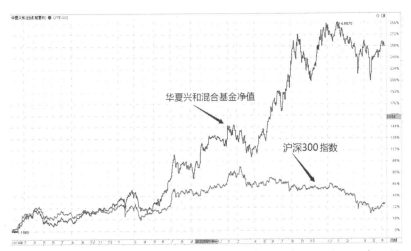

图 7-13 华夏兴和混合基金净值与沪深 300 指数 2019 年 1 月至 2022 年 6 月走势对比图

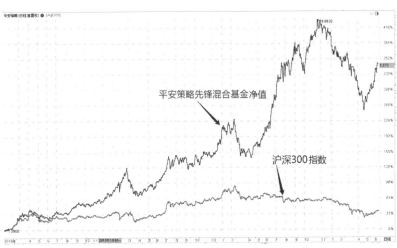

图 7-14 平安策略先锋混合基金净值与沪深 300 指数 2019 年 1 月至 2022 年 6 月走势对比图

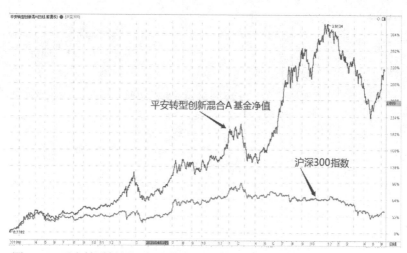

图 7-15 平安转型创新混合 A 基金净值与沪深 300 指数 2019 年 1 月至 2022 年 6 月走势对比图

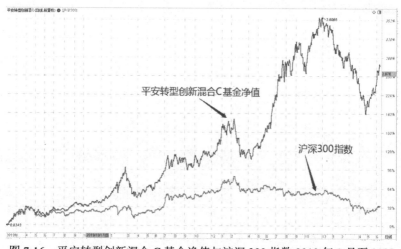

图 7-16 平安转型创新混合 C 基金净值与沪深 300 指数 2019 年 1 月至 2022 年 6 月走势对比图

以上 14 只基金除了回调幅度不同以外，2019 年 1 月至 2022 年 6 月的收益率都远远高于沪深 300 指数。这是巧合吗？当然不是。因为我们选的是近 3 年、2 年、1 年排名都在前 50 名以内的基金，所以它本身就符合拟合条件。选基金不按拟合条件来选，这就成了打哪儿指哪儿了。

我们在 2019 年之前会选择这 14 只基金吗？那就不一定了。那么两年半以后，在 2022 年 6 月时，我们会选择这 14 只基金吗？也不一定。但毕竟这 14 只基金从过去的两年半来看表现极佳，所以我们多半还会选择这 14 只基金。因为我们选优质基金的必要条件之一是它要表现好，虽然过去好不代表未来一定会好，但过去好至少可以代表未来大概率还会好。

4. 微笑曲线

另一个问题是，如果我现在选择了近 3 年、2 年、1 年、半年、1 季和 1 月表现都好的基金，我在什么时候开始买进呢？有两种方法来择时。

一种是在回撤时买进。基金净值，特别是股票型和混合型基金净值，并不是直线匀速上涨的，而是进三步、退一步地上行。所以找到好基金不要轻易错过，而是要等它回撤，并且它的回撤通常是有规律的，大约回撤到一定程度便会重新回到上行通道中。

卡沃尔在《趋势跟踪》一书中特别提到了顿基金，它的回撤通常在 25% 左右。所以想要投资顿基金的投资者通常会等它回撤至 20% 左右时买进。

市场的运行是有规律的，基金经理的操作方法也是有规律的，两个规律的契合度决定了基金的通常回撤幅度。

当然，并不是每次回撤都是一定的幅度，这也要根据市场运行情况而定。2019 年至 2021 年，市场一直处于上涨趋势中，基金每次回撤的幅度基本保持大致相当。但从 2022 年开始，市场出现了深幅下跌，即使是前文筛选出的 14 只优质基金，它们的回撤幅度也极大。若要判断基金回撤幅度是否正常，就要对市场有一定的判断力。

另一种是定投法。有些朋友可能会说："我对市场一点判断力也没有，在市场大幅回撤时，我还认为它是在上涨周期中的普通回撤，该怎么办？"这些朋友可以利用微笑曲线辅助判断。

微笑曲线在哪里？我们在前面的章节中给出过微笑曲线的示意图，它就是一个"U"字形。我们用一幅基金净值走势图来标注一下微笑曲线，如图 7-17 所示。

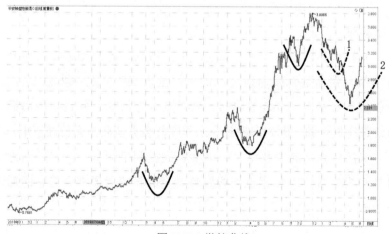

图 7-17　微笑曲线

　　一只好的基金，它的净值走势必然是长期向上的。那么每一次回调都只是上涨趋势中的一个插曲，我们即使是在微笑曲线的左侧顶端买进也无妨。因为在回调过程中的定投会使得投入成本持续摊低，当微笑曲线完全形成时，我们的平均成本应该在曲线的中部。

　　李笑来谈到定投需要找到好的标的，那什么是好的标的？走势好的标的就是好标的，市场已经为我们选出来了。李笑来在《定投改变命运》中给的例子是GAFATA，分别代表6家公司：谷歌（G）、阿里巴巴（A）、脸书（F）、苹果（A）、腾讯（T）、亚马逊（A）。

　　有了好标的，剩下的就是投资。单笔一次性投入需要精准择时，但是定投基本上不需要太执着于择时，为什么？因为有微笑曲线。

　　当然，这一切的前提必须是标的是好标的，如果不是好标的，它的走势就不是长期向上的，也就失去了微笑曲线存在的基础。

　　在图7-17中我还画了虚线1与虚线2，当我们认为虚线1处应该出现微笑曲线的时候，实际上并没有出现，而是出现了更大的回撤，怎么办？如果它是一只好基金，在继续定投的情况下，它会产生更大规模的微笑曲线，只是我们需要等待的时间更长一些。

　　有人可能会问："那我为什么要在虚线1处定投？我直接等着虚线2出现再开始定投不是更好吗？"问题是在虚线1处，谁会知道虚线2会出现呢？如果人人都知道虚线2会出现，那人人都是股神了。

　　定投的好处在于不必过于担心投资的时机，只要是好标的，任何时候都是好时机。反过来，定投的"坏处"在于微笑曲线长短不定，规模不定，而且我们也面临着选择的两难境地：我们想定投后就立刻获利，但既然是定投，每次投入的资金必然很少，立刻获利意味着手中的筹码不多，即便短时获利，总额也不大；我们想扩大获利总额，必然需要长时间收集低位筹码，期望短时内不要获利。两种心理是矛盾的。

这种矛盾就导致我们可能采取过激的行动，即单笔一次性大额投入。一旦择时不理想，就会承担极大的风险，并且没有后续资金摊低成本，使自己处于非常尴尬的境地。

我们还要再次强调，所有的一切都必须建立在好标的的基础之上。我们也说过，过去表现好的基金，未来未必会表现好；但过去表现好的基金，未来大概率会持续表现好。归根结底，主动型基金最重要的因素是基金经理，也就是人，所以在了解了基金后，我们还要了解基金背后的人。

5. 你是我的安全边际

巴菲特收购大都会/ABC、盖可保险、《华盛顿邮报》时，都把投票权留给 CEO，以让 CEO 留任。为什么？CEO 留任会保持公司的稳定。可见，人才是最大的安全边际，我们要了解基金背后的基金经理。

平安转型创新混合 C 基金经理 × 先生从 2019 年 12 月 25

日起主管平安转型创新混合 C 基金，任职期间基金回报率为
152.76%，平均年化率为 45.53%，超越同期沪深 300 指数回报率
147.79%。我们再看一下平安转型创新混合 C 基金 2019 年至 2022
年 6 月的净值走势图，如图 7-18 所示。

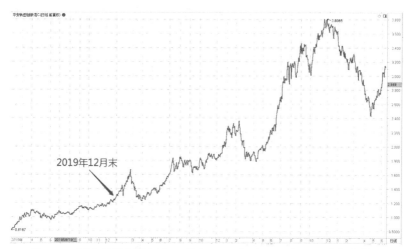

图 7-18　平安转型创新混合 C 基金 2019 年至 2022 年 6 月净值走势图

也正是 × 先生接手平安转型创新混合 C 基金后，基金净值开
始大幅走高。2022 年上半年的大幅回撤是普遍情况，几乎所有的
基金都产生了不同程度的回撤。从近两年半的时间来看，× 先生
对于平安转型创新混合 C 基金的操作已经非常完美了。

如果 × 先生离开了平安转型创新混合 C 基金，我们是否再投
资这只基金，就要再行讨论了，所以若持有这只基金，在关注净
值走势的情况下，还要关注 × 先生是否会离职。

通常情况下有以下几条建议：

（1）基金净值走势稳定向上时更换基金经理人，立刻赎回
基金；

（2）基金净值走势出现深跌时更换基金经理人，再观察一段时间；

（3）频繁更换基金经理人的基金，剔除。

有没有一种可能，×先生只是最近两年半里表现得很好而已，他在任时平安转型创新混合C基金表现好只是巧合？×先生的履历中还显示：2016年7月25日至2018年3月16日主管平安消费精选混合A基金、平安消费精选混合C基金；2016年8月2日至2019年1月18日主管平安智慧中国混合基金；2019年10月9日至2020年5月6日主管平安医疗健康混合基金。我们再来看一下这4只基金当时的表现，如图7-19至图7-22所示。

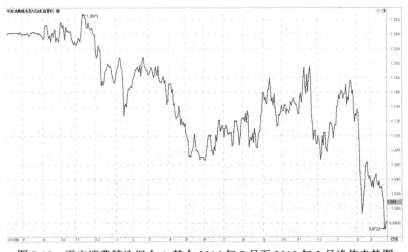

图7-19 平安消费精选混合A基金2016年7月至2018年3月净值走势图

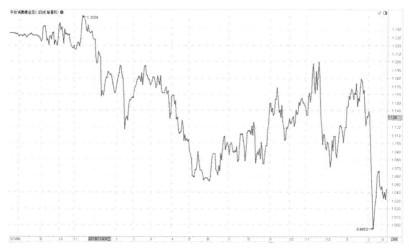

图 7-20　平安消费精选混合 C 基金 2016 年 7 月至 2018 年 3 月净值走势图

图 7-21　平安智慧中国混合基金 2016 年 8 月至 2019 年 1 月净值走势图

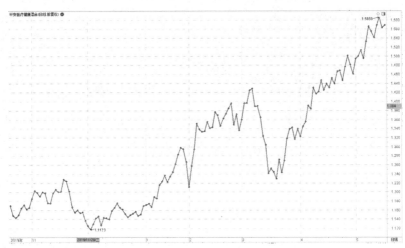

图 7-22　平安医疗健康混合基金 2019 年 10 月至 2020 年
5 月净值走势图

以上 4 图显示，除了平安医疗健康混合基金外，其余 3 只基金在他任职期间基金净值一路走低。这就让我们怀疑基金经理的能力了。为什么他在 2016 年至 2019 年的成绩并不好，而 2019 年至 2022 年的成绩却相当让人满意？

对于能否获得投资成功，人的能力是一方面，是否符合历史进程是另一方面，两方面同等重要。我们看前文所列举的 14 只基金，有多少基金带有"创新""转型""先进"的关键字？同时想一下，为什么科创板在 2018 年末设立？

2018 年开始的贸易战让我们不得不转型，后发优势基本已经用尽，只有创新，才能创造新增量。包括新能源在内的大量创新型企业，借着国家创新转型政策的东风，凭着科创板的平台应运而涨，所以在 2019 年至 2022 年，凡是以创新、转型、

先进制造为主的股票都在上涨，那么同类型的基金上涨也不足
为奇。

为什么平安医疗健康混合基金在 2019 年 10 月至 2020 年 5 月
净值走高呢？图 7-23 为同期通达信医疗保健指数 2019 年 10 月至
2020 年 5 月净值走势图，因为相关指数都在上涨，同类股票都在
上涨，所以同类基金也在上涨。我们要了解社会发展的风向，才
能选出最好的板块与相应的基金。

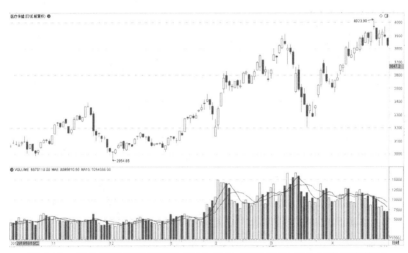

图 7-23　通达信医疗保健指数 2019 年 10 月至 2020 年 5 月净值走势图

当然，如果是一位能力一般的基金经理，即便选对了板块，
收益率也不会很高。图 7-24 与图 7-25 为天治转型升级混合基金和
东方新兴基金净值走势图，同样带有"转型""新兴""升级"的
关键字，但它的收益率很低，2022 年前 4 个月的净值回撤已经达
到一年前的水平。

图 7-24　天治转型升级混合基金净值走势图

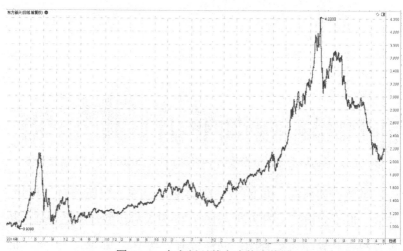

图 7-25　东方新兴基金净值走势图

👥 6. 节奏与风向

　　每天各种海量信息扑面而来，我们到底要看什么？肯定不是娱乐八卦类的新闻，而是要看可能影响我们投资的信息。

　　例如，"十三五"规划指出，至 2020 年，新开工全装修成品住宅面积达到 30%。这会导致建材指数的上涨，图 7-26 为通达信建材指数 2018 年 12 月至 2021 年 9 月日线走势图，图 7-27 与图 7-28 为江山欧派与坚朗五金同期走势图。建材指数上涨了 1 倍有余，江山欧派上涨近 10 倍，坚朗五金上涨近 30 倍。

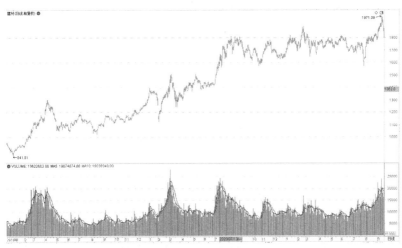

图 7-26　通达信建材指数 2018 年 12 月至 2021 年 9 月日线走势图

图 7-27　江山欧派 2018 年 12 月至 2021 年 9 月日线走势图

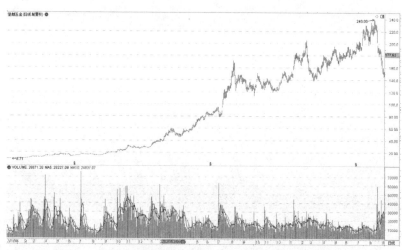

图 7-28　坚朗五金 2018 年 12 月至 2021 年 9 月日线走势图

再如，2019 年 3 月《2019 年政府工作报告》指出：两年内基本取消全国高速路省界收费站，实现不停车快捷收费。

2019 年 5 月《深化收费公路制度改革取消高速公路省界收费

站实施方案》指出：加快建设和完善调整公路收费体系。加快电子不停车收费系统推广应用。鼓励 ETC 在停车场等涉车场所应用，加快现有车辆免费安装 ETC，推动汽车预置安装。

2019 年 5 月《加快推进高速公路电子不停车快捷收费应用服务实施方案》指出：至 2019 年 12 月底，全国 ETC 用户数量突破 1.8 亿，高速公路收费站 ETC 全覆盖，高速公路不停车快捷收费率达 90% 以上。

2019 年 5 月《关于大力推动高速公路 ETC 发展应用工作的通知》指出：到 2019 年底，各省（区、市）汽车 ETC 安装率达到 80% 以上，高速公路 ETC 使用率达到 90% 以上。

这些风向会导致 ETC 设备生产企业股份上涨，图 7-29 为万集科技 2018 年 10 月至 2020 年 1 月日线走势图，股价上涨了 10 倍以上。

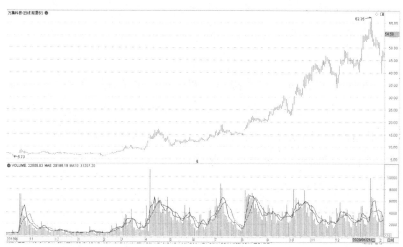

图 7-29　万集科技 2018 年 10 月至 2020 年 1 月日线走势图

2020 年初新冠肺炎疫情暴发，全球经济受损。在拉动经济的"三驾马车"（投资、出口、消费）中，中国一向以投资和出口为主要动力，在停工抗疫的过程中，消费就显得尤为重要了。2020年2月16日，《求是》杂志发表文章："要积极稳定汽车等传统大宗消费，鼓励汽车限购地区适当增加汽车号牌配额，带动汽车及相关产品消费。"

2020年2月20日，商务部市场运行司副司长王斌在新闻发布会上表示，为减轻疫情对汽车消费的影响，鼓励各地因地制宜出台促进新能源汽车消费、增加传统汽车限购指标和开展汽车以旧换新等举措。

2020年4月，商务部再次明确要促进新车销售，推动有关地方放宽或取消限购措施，进一步推动汽车限购向引导使用政策转变。

2019年刺激汽车消费的原因是汽车销量连续两年下滑，并且下降速度越来越快，而汽车是仅次于房地产的大宗消费。但当时的经济情况并没有2020年上半年紧迫，政策出台并不密集。2019年汽车整车概念股虽然出现上涨，但并不持续，至少均线并未多头排列。

2020年中国政府首次提出"双循环"的概念：国内国际双循环，即国际循环以投资和出口为主，国内循环以投资和消费为主。强调双循环，其实是强调内循环，强调内循环，其实是在强调消费。因此，刺激汽车消费，一是顺应2019年的形势，二是助力内循环，拉动经济增长。

助力内循环，刺激消费，为什么要靠汽车？

2018年整车行业出现了拐点，同比销量下降2.8%；2019年汽车销量同比下降8.2%。2019年北京最后一批次的摇号比例为2546∶1。汽车制造业是中国GDP五大支柱之一，产业链长，覆盖面广，在拉动经济增长方面起到了至关重要的作用。在既定的

GDP 主动增速放缓的战略下，并且在房地产无法继续刺激消费的情况下，汽车制造业将发挥更重要的作用。

特别是 2010 年以来，汽车消费常年占据社会零售总额超过 10%，占比非常高。从稳就业的角度来看，汽车行业涉及的产业链太长、太多，从上游原材料的石油、有色金属、钢铁、玻璃、橡胶，到中游的汽车零部件，再到下游的整车，可以提供大量就业岗位，而且附加值高。

我们再来看内循环的时间线。

2020 年 5 月 14 日，中央政治局常委会首次提出了"两个循环"的概念，要"构建国内国际双循环相互促进的新发展格局"。

2020 年 5 月 23 日两会期间，习近平总书记就强调要"逐步形成以国内大循环为主体、国内国际双循环相互促进的新发展格局"。

2020 年 6 月 18 日，刘鹤副总理在陆家嘴论坛开幕式上表示"一个以国内循环为主、国际国内互促的双循环发展的新格局正在形成"。

2020 年 7 月 21 日，习近平总书记在企业家座谈会上谈道："面向未来，我们要逐步形成以国内大循环为主体、国内国际双循环相互促进的新发展格局。"

2020 年 7 月 30 日，中央政治局召开会议指出："当前经济形势仍然复杂严峻，不稳定性不确定性较大，我们遇到的很多问题是中长期的，必须从持久战的角度加以认识，加快形成以国内大循环为主体、国内国际双循环相互促进的新发展格局。"

注意这些讲话的演变：构建双循环 —— 逐步形成内循环 —— 形成以内循环为主的新发展格局 —— 加快形成以内循环为主的新

发展格局。刺激消费、拉动经济已迫在眉睫。

此外，2020年3月9日，长春、宁波、佛山、广州、珠海、湘潭、长沙、杭州、南昌等市出台了具体的刺激消费政策。

12日，中汽协建议，推迟全国范围内推出国六排放标准，限购地区适当增加汽车号牌配额，解禁新能源汽车限购，调整小排量乘用车的购置税率，出台汽车下乡政策。

13日，发改委、工信部等23个部门联合发布《关于促进消费扩容提质加快形成强大国内市场的实施意见》，提出要促进机动车报废更新，促进汽车限购向引导使用政策转变，鼓励汽车限购地区适当增加汽车号牌限额等鼓励举措。

18日，商务部会同有关部门进一步研提促进汽车等重点商品消费的政策措施，促进汽车限购向引导使用政策转变，支持引导各地制定奖补政策。

23日，商务部、发改委、卫健委联合发布《关于支持商贸流通企业复工营业的通知》：各地商务主管部门要积极推动出台新车购置补贴、汽车"以旧换新"补贴等措施，实施汽车限购措施地区的商务主管部门要积极推动优化汽车限购措施，稳定和扩大汽车消费。

26日，商务部鼓励各地结合本地实际情况，出台促进新能源汽车消费、开展汽车以旧换新等措施，进一步稳定和扩大汽车消费。

31日，国务院常务会议确定：将新能源汽车购置补贴和免征购置税政策延长2年；中央财政采取以奖代补，支持京津冀等重点地区淘汰国三及以下排放标准柴油货车；对二手车经销企业销售旧车，从2020年5月1日至2023年底减按销售额0.5%征收增值税。

　　仅 2020 年 3 月，关于刺激汽车消费的政策就有 7 条之多，平均不到 5 天就有 1 条。我们再举一例，2020 年 4 月 29 日，上海发改委、上海交通委、上海商务委、上海财政局、上海经信委、上海住建委联合发布《关于促进本市汽车消费若干措施》。这些措施包括：增加中心城区非营业性客车额度投放数量；推进老旧汽车报废更新；积极支撑新能源汽车消费；加大公共领域燃油车转换为新能源汽车力度；完善充（换）电基础设施配套；促进燃料电池汽车加快应用；优化新能源汽车推广应用政策；营造智能汽车消费环境等。

　　图 7-30 为比亚迪 2020 年 3 月至 2021 年 11 月日线走势图，股价上涨了 8 倍左右。

图 7-30　比亚迪 2020 年 3 月至 2021 年 11 月日线走势图

　　2022 年 5 月 11 日，汽车板块迎来了一定的资金关注，如图 7-31 为通达信汽车类指数 2022 年 3 月至 6 月走势图。汽车类指数低位放量并且形成向上的突破。当日新闻报道 4 月份能源汽车销售同比上涨 44.6%，同时有消息称新一轮汽车下乡政策最快于当月出台。汽车类指数随后单边上涨。图 7-32 为嘉实智能汽车股票基金 2022 年 3 月至 6 月走势图，基金同期上涨。

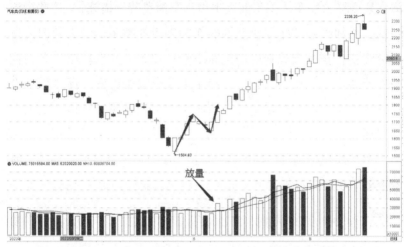

图 7-31　通达信汽车类指数 2022 年 3 月至 6 月走势图

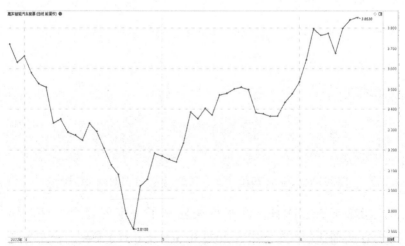

图 7-32　嘉实智能汽车股票基金 2022 年 3 月至 6 月走势图

中国政府是中国经济的重度参与者，要了解中国经济发展动态，首先要了解经济政策。国家想要发展的层面特别多，要区分轻重缓急，如千年大计不如百年大计，十年规划不如限期达成。政策导向是我们观察市场风向的主要角度。

7. 单笔择时与多笔定投

择时投资需要对市场有一定的研判，我们在前面的章节中给出过判断市场择时的一些方法，如 M1 与 M2 增速的剪刀差法、大盘月平均市盈率法等，并且我们说过理论上任何一种判断市场位置与后续方向的方法都是必要条件，而不是充分条件，更不是充要条件，所以单笔择时必然要承担一定的风险。

对于大盘月平均市盈率法，我们需要找到当时的资金成本，即无风险收益率，我们可以用 5 年期国债利率来代替无风险收益率。当一笔投资低于无风险收益率时，还不如买国债。所以投资的收益率至少要高于无风险收益率一倍时，才会对资金产生吸引力。

无风险收益率的倒数即是理论标准市盈率，无风险收益率越高，理论标准市盈率越低；无风险收益率越低，理论标准市盈率越高。当投资回报率超过无风险收益率一倍时，上证指数位于底部区域的概率非常大。例如，2005 年、2008 年、2013 年和 2019 年上证指数的底部都符合这一标准。

如果能配合 M1 与 M2 增速的剪刀差进行判断则更好。如果 M2 增速高于 M1 增速，说明市场中货币流动性增大，钱来上涨，钱去下跌，这是资本市场亘古不变的道理。根据 M1 与 M2 增速的剪刀差的原理，我们还可以量化一种指标，即 M2 增速与通货膨胀率相加再减去名义 GDP 增速的结果，如果能在 2% 以上，说明市场已经具备一定的流动性基础。

市场位于低位，流动性增加，牛市的概率增大。除了这 3 项指标外，我们最好还能再加上经济转暖、预期向好的辅助参考。在资本市场中，信心比黄金还贵。那么可以根据这一标准来确定较大的择时点。

但较小的择时点就很难确定了，2005 年、2008 年、2013 年、2019 年的市场底部之间的间隔时间很长，如果我们恰好在 2007 年、2010 年、2015 年和 2022 年才想参与投资怎么办？必须学习一些投资的基础知识，甚至需要进行深入研究。

如 2007 年大盘月平均市盈率已经将近 70 倍，此时绝不是一个好的择时投资机会。但 2010 年小顶、2015 年大顶和 2022 年上半年的下跌中，大盘月平均市盈率并不高，高位月平均市盈率的标准又完全派不上用场。

市场底部容易量化，市场顶部极难量化，所以我们需要更多的必要条件进行辅助判断。例如，流动性是不是过大，市场上涨的理由是否透支等，但更多的辅助判断并没有一定的量化标准，很多时候我们都是凭着感觉进行投资。

所以我们的结论是：单笔择时投资最好在大底位置，如果错过了大底，最好多笔定投。

关于多笔定投，我们也给出过一些傻瓜式操作方法，如指数 ETF 的市盈率法。事先设定一个买卖分水岭，在分水岭之下定期定额买进，在分水岭之上定期定额卖出。如此可以在一路下跌的过程中逐步收集价格更低的筹码，在一路上涨的过程中逢高逐步抛出。

但市盈率法我只推荐在宽基指数 ETF 基金中使用，因为从长期来看，经济在发展，社会财富在增加，指数 ETF 又是不断置换入市场中最好或较好的成分股，那么指数在较长的一段时间内必然是上涨的。因此，只要我们能低买高卖，就能在指数 ETF 中获利。

对于行业指数 ETF 基金，则不推荐使用市盈率法，因为它并不是综合性持股，而是针对某一特定的行业。很多特定的行业具有强烈的周期性及偶然性。周期性不外乎以正弦波形式演进，但正弦波有时是斜向上的，有时却是斜向下的。例如，通达信纺织服饰行业指数自 2015 年后一路下行（如图 7-33 所示），虽然间或有一些反弹，但总体上已跌大半，并且至今未有出现拐点的迹象。

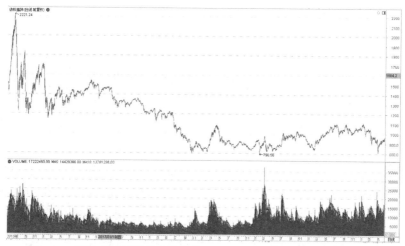

图 7-33　通达信纺织服饰行业指数 2015 年 5 月至 2022 年 6 月走势图

反之，通达信煤炭指数却一路上涨，偶尔出现一次回调，幅度虽大，但时间较短（如图 7-34 所示）。图 7-35 为煤炭 ETF 同期走势图。

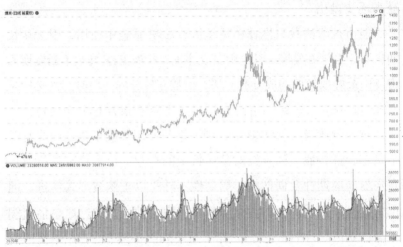

图 7-34　通达信煤炭指数 2020 年 5 月至 2022 年 6 月走势图

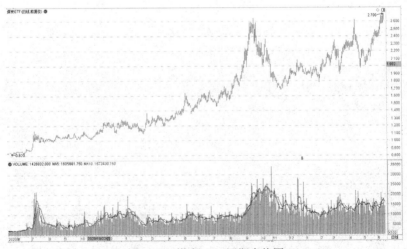

图 7-35　煤炭 ETF 同期走势图

为什么两个板块的走势如此不同？纺织服饰行业由于产能过剩与劳动力成本不断提高，很多生产线已经转出中国。而2019年中国开始第二轮大力发展（参考前文政府引导基金投资光伏）光伏产业，但储能行业没能跟上。风、光发电成本下降快，装机量大，但劣势在于不稳定，需要储能设备来调峰。储能调峰力度不大，可能通过煤电来调峰。同时中国各地小火电厂不断下马，调峰力度集中于少数大火电厂，导致调峰所需煤炭增加。这就形成了风、光发电装机量越高，对于煤炭的需求量反而越大的怪象。

如果能透过现象看到本质，就能选出正在风口的板块和对应的基金，跟随市场上涨获利。所以投资行业指数ETF基金需要对市场进行研判，而不像宽基指数ETF基金一样简单量化便可操作。

同样，我们把钱交给主动型基金，也要看到基金的持仓风格，如果这只基金不论何时都看好纺织服饰行业，那必然要剔除。这需要分两步走：如果我们有能力，就先发现风向与节奏，再选出与之相关的倾向性基金；如果我们不相信基金，直接投资行业指数ETF基金；如果我们没有能力，那就不如投资没有风格偏好、追随市场的灵活配置基金；如果我们既不相信自己，也不相信基金，可以投资大盘指数ETF基金。

总结一下，单笔择时可以在市场较低的位置拥有大量筹码，赚取高盈亏比，但需要极高的择时准确率。多笔定投不需要太高的准确率，看好指数或行业，或使用傻瓜式量化指标即可，将一切交给时间和微笑曲线。虽然持仓成本在微笑曲线中被摊低，但没有单笔择时的成本优势，用盈亏比换取了准确率。

哪种投资方法最好？没有最好的投资方法，只有最适合自己的投资方法，适合自己的就是最好的。

8. 定投的投法

定投是指定期定额买进，是否需要择时？如果一个月买一次，在一个月的哪天买更好？如果运气很差，每次定投时都是价格波动至较高位置时，长期下来不是很吃亏？其实根据测算，一个月中不论在哪天定投，收益率都差不多。

一个月的间隔会不会太长？如果扩大定投密度，会不会收益率更高？没有定论，有时月定投的收益率更高，有时日定投的收益率更高。未来不可预测，也就不必在这方面浪费精力。

如果确实心有不甘，也可以扩大定投密度。如月定投 1000 元可以改为周定投 250 元。这样确实可以使微笑曲线中的成本摊得更均匀。

盈亏同源，既然定投的收益来自微笑曲线中的摊平成本，那么导致定投亏损的最大原因就是不定时投入、不定额投入和中断定投。一旦下定决心定投，就不要轻易破坏规则或中断。

定投也不能是傻瓜式定投，每个微笑曲线形成之后最好能在高位进行赎回，然后继续投第二个曲线。相当于完成一次低买高卖后，再寻找第二个低买高卖的机会。

假设一只基金的净值走势分别是 10，8，5，8，10，15，20，25，20，15，10，15，20，30，40，其间有从 10 到 25 和从 20 到 40 两段微笑曲线。

我们采用傻瓜式定投法，其间不做任何赎回，至 40 元时全部赎回，会获利多少？

假设每期定投 1000 元，共投入 1000÷10+1000÷8+1000÷5+1000÷8+1000÷10+1000÷15+1000÷20+1000÷25+1000÷20+1000÷15+1000÷10+1000÷15+1000÷20+1000÷30+1000÷40=1198.33（份），至 40 元全部卖出，共获利 40×1198.33=47933.2（元）。

又假设我们能精准地在第一次微笑曲线的顶部全部赎回，则第一次微笑曲线中我们共投入 1000÷10+1000÷8+1000÷5+1000÷8+1000÷10+1000÷15+1000÷20+1000÷25=806.67（份），至 25 元全部卖出，共获利 25×806.67=20166.75（元）。

再把这些钱拆分成 7 份，每份 2880.96 元，分别加到下一个微笑曲线的定投金额中，即其后 7 次的定投金额为 3880.96 元。其后 7 次分别投入 3880.96÷20+3880.96÷15+3880.96÷10+3880.96÷15+3880.96÷20+3880.96÷30+3880.96÷40=1520.04（份），共获利 40×1520.04=60801.6（元）。

当然，这个例子有些极端，我们不能精准地知道哪里是本次微笑曲线的最高点，也不知道将第一次微笑曲线的获利分成多少份恰好等于第二次微笑曲线完成时的定投次数。所以虽然结果看似相差 3 倍以上，但在实际操作中，并不会出现如此大的收益差距。

未来不可预测，所以我们只能折中制订计划，只为了实现一个目的——尽可能在高位赎回，在低位加大投资额度。定投不是投得越久越好，学会高位止盈，将盈利分散到后期定投金额中，会有更丰厚的收益。一次微笑曲线止盈后，由于我们不知道下一个微笑曲线的完成期是什么时候，所以我们可以大致将资金分为 12 份或 24 份，分别加入后期定投金额中。

其实我们已经在傻瓜式市盈率法中通过上证 50ETF 的定投操作法给出了详尽的方法。如果我们有能力，则在相对较高的位置一次性赎回。但我们又怕一次性赎回后会踏空后面的上涨行情，那不如只要达到买卖分水岭之上，就分批次赎回。我们肯定不是在最高的位置赎回，但也不必再担心由于错过高位而没有赎回的问题了。我们还可以在过分低位或过分高位的时候，分别加大投资力度和赎回力度。总之，在分水岭上方一路上涨，一路赎回，赎回均价也位于整体高位的中部。

准确率与盈亏比之间总要做取舍。

我们还可以使用均线法，我们可以给对标指数（沪深 300 指数）设置 250 日均线，如图 7-36 所示，如果指数向上偏离 250 日均线过多，则可以分批赎回；若指数向下偏离 250 日均线过多，则可加大定投力度。

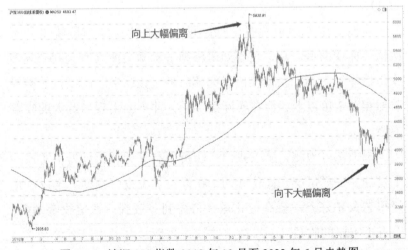

图 7-36　沪深 300 指数 2018 年 10 月至 2022 年 6 月走势图

📇 9. 单笔择时普跌抄底法

图7-37为贵州茅台2013年11月至2022年6月走势图，贵州茅台在近10年中有3次回调上车的机会，分别是2015年、2018年和2020年。上涨趋势中的任何一次回调都是买进机会，但在当时怎么判断？

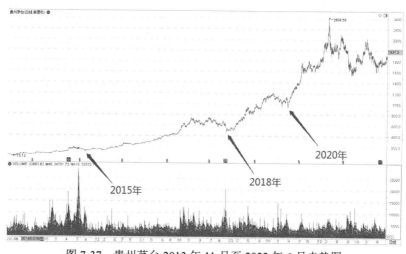

图 7-37 贵州茅台 2013 年 11 月至 2022 年 6 月走势图

优质企业根本不给我们买进的机会，像贵州茅台、云南白药等优质企业，它们的股价常年处于当期20倍市盈率以上，并且从未出现过股价低于每股流动净资产的情况，很难在它遇到困难的时候抄底。但在市场普遍下跌的时候，优质资产也难以独善其身，这正是我们抄底的好时机。

企业一年共发布4份财报，分别为4月份公布上一年报和当年一季报，8月份公布中报，10月份公布三季报，我们可以据此做准备工作。2015年8月贵州茅台下跌至166.2元，这是多年不

见的低点，这是不是一个买进的好时机呢？不要着急，让我们来
看一下数据，如表 7-4 所示。

表 7-4　贵州茅台 2015 年营业利润率、销售净利率、毛利率数据

时间	营业利润率	销售净利率	毛利率
2015 年一季报	72.61%	54.17%	93.21%
2015 年中报	70.68%	53.01%	92.61%
2015 年三季报	70.39%	52.39%	92.45%
2015 年报	67.85%	50.38%	92.23%

2015 年 8 月，恰好贵州茅台发布中报，从中报的数据可以看
出营业利润率、销售净利率、毛利率这 3 项指标根本没有发生任
何有意义的变化，也就是说，它的盈利能力根本没有改变，企业没
问题，股价下跌是市场的原因，并且 2015 年一整年的现金保有率也
未发生过大的变化，有了这两重保证，我们基本上就可以放心了。

不放心中报，也可以等到 10 月份出三季报时再来重新确定一
下。三季报的数据也没有大的变化，所以在这三重保证下，我们
还可以在 10 月买进或者加仓。

再来看 2018 年的下跌，2018 年 10 月前贵州茅台一直处于宽
幅震荡中，并没有跌穿震荡平台，至 2018 年 10 月时方才跌穿震
荡平台，彼时我们是否能判断贵州茅台要转势了？我们再来看贵
州茅台的经营情况，如表 7-5 所示。

表 7-5　贵州茅台 2017 年、2018 年营业利润率、销售净利率、毛利率数据

时间	营业利润率	销售净利率	毛利率
2017 年三季报	64.37%	50.32%	89.93%
2017 年报	63.77%	49.82%	89.8%
2018 年一季报	66.2%	52.28%	91.31%
2018 年中报	64.91%	50.67%	90.94%

上证指数从 2018 年 2 月开始下跌，至 2018 年 10 月第一次触底，再至 2018 年 12 月第二次触底。在上证指数第一次触底之前，大盘走弱，但贵州茅台只是宽幅震荡，在 2018 年 10 月时跟随下跌，可见指数弱，个股强。并且从财报数据来看，虽然贵州茅台的表现略比 2015 年差，但最近一年的三大盈利能力指标基本没有任何变化。所以贵州茅台的下跌仅仅是跟随下跌，自身没有任何问题。与 2015 年类似，此时可以抄底。

再看 2020 年 3 月的下跌情况，2020 年 3 月上证指数下跌 9.83%，贵州茅台仅下跌 6.28%，还是指数弱、个股强的格局。再看它的经营情况，如表 7-6 所示。

表 7-6　贵州茅台 2019 年、2020 年营业利润率、销售净利率、毛利率数据

时间	营业利润率	销售净利率	毛利率
2019 年中报	68.97%	54.44%	91.68%
2019 年三季报	68.2%	53.34%	91.41%
2019 年报	66.45%	52.18%	91.33%
2020 年一季报	73.37%	54.17%	91.46%

与 2018 年下跌时的情况相同，没有特别的原因，只是整个市场都在下跌，所以优质资产下跌是泥沙俱下的结果。

这种企业自身没有问题，而仅仅是跟随市场下跌的情况，这时就是我们单笔大额投资的好时机。这种情况还可以延伸，当市场遇到重大危机时，政府为坚定投资信心，弥平经济周期，必然要采取一些措施。例如，2008 年政府 4 万亿元的投资使得 2009 年指数上涨了一倍。

👤 10. 不要踩的坑

（1）虽然不能将全部鸡蛋放在一个篮子里，但也不能分散到太多的篮子中。我们投资分内、外、长、短、债、股，已经是把鸡蛋放到不同的篮子中了，没有必要再分更小的篮子。就像我们把全市场 4600 只股票买了个遍，最终的收益不过是全 A 指数的平均收益，只有贝塔收益，而没有阿尔法收益。

人的精力有限，超过 10 只标的就无法兼顾。多只标的涨跌不一致，会导致我们患得患失，精力不集中，反而会因小失大。所以建议时间有限的人在同一市场的投资最多不要超过 3 只基金，并且在资金很少的情况下，也没有资产配置的必要。我们在前文中说过，对于 1000 元、1 万元、几万元的投资，进场学习经验比通过分散配置博取稳定收益更重要。

（2）不要特别追求高收益率。1 万元赚 100% 也不过 2 万元而已，对于财富增长的作用并不大，如果 100 万元只赚 10%，也是 1 万元赚 100% 的 10 倍，所以不要把精力放在投资收益率上，而是要专注于本业，先提高主动性的经营性收益。请大家注意，我们不是在讲如何投资基金，而是在讲怎样保卫财富和创造财富。我们虽然在讲如何投资基金，但"问渠哪得清如许，为有源头活水来"，源头就在于本业的收入，这也是我们的安身立命之本。投资绝不是雪中送炭，而是锦上添花。想靠纯粹的投资实现财务自由，非专业的普通人完全不可能做到，所以要站在本业的磐石之上。

（3）亏损要不要加仓？我们不建议这样做，特别是单笔大额择时投资。最简单的方法就是认错，再找机会。止损止的不是钱，而是妄念。

不敢止损的根源在于心中没有方向。从买进时起就不知道为什么买进，那么也就不知道在什么时候止损。不止损只有两种结果，或者扛到止盈，或者扛到大幅亏损。经过大幅亏损后的止盈，也仅仅是微利。为什么？因为恐惧。因为没有方向，侥幸扛回来，也不知道未来走势如何，所以在有利的时候也不敢久持。只能一切凭感觉，让情绪左右投资决策。

有时想要止损，也不是立刻止损，而是想着"再回来一点我再止损"。这可以分两种情况：没扛回来，继续边扩大亏损边扛；扛回来一点了，就会想再回来一点，然后再止损。如此循环往复，最佳止损点已经错过，次佳止损点继续错过，不论哪个止损点，都因为这种"再回来一点，然后再止损"的心态而不断错过，最后要么造成巨幅亏损，要么微利止盈。

对于止损来说，位置重要吗？亏损多少钱重要吗？在还没有养成正确的交易习惯之前，这些都不重要。

壮士断腕，断绝妄念，才是止损的真义。柯蒂斯·费思在《海龟交易法则》中说："亏损只不过是游戏的一部分。"此时的止损，就像袁术放在吕布那里的二十万斛粮食，随时可以拿回来。止损不再造成心结，不过是一种从容的动作。

有人会问，定投不是在下跌的过程中定期定额买进吗？为什么定投不需要止损？定投同样需要止损，比如发现定投标的选错了。如果我们发现定投标的的价值出现了意料之外的下跌，而且下跌趋势没那么容易结束，那么价值的下跌将带动价格进一步下跌。这个下跌会非常惨烈，即戴维斯双杀，那就要考虑是否要先暂停或者终止这笔定投。

那怎么判断标的价值呢？方法有很多种，格雷厄姆、巴菲特、彼得·林奇各有一套方法。我们在讲定投指数 ETF 的时候，其实已经给出了一套市盈率法的判断标准。这里不再赘述。

（4）不要因为绝对价格便宜而买入，十几年前，全市场价格最便宜的股票是长航油运（招商南油），股价在 2 元左右。没过多久它就退市了，大约 6 年后才重新上市。上市后最高涨至 5.49 元，又一路下跌至 1.7 元，当前价格为 4 元左右。

商品 a 价值 10 元，标价 8 元，商品 b 价值 3 元，标价 6 元，哪个更贵？哪个更便宜？商品是否便宜不是看绝对价格，而是看它与价值的比。所以不要根据绝对价格的高低去投资基金，价格不是重要的条件，甚至不是普通条件。是否投资一只基金，一要看其整体市场位置，二要看货币流动性，三要看经济发展，四要看风向，五要看预期，六要纵向、横向诊断基金，这是一个系统工程，基金价格不是重要因素。

（5）不要猜顶抄底，除非凑巧，通常很难做到买在最低价，卖在最高价。最高价、最低价是一个价格区间，而不是具体某个点位。没有人有能力预测点位，即便综合所有信息，也只能预测一个范围。跟踪市场的风向，赚取上涨趋势的中段，是相对容易的事。猜底摸顶只是多赚一些上涨趋势中底部和顶部的钱，对于超低的成功率带来的试错磨损，这么做得不偿失。

（6）不要追爆款基金，特别是日光基。为什么明星基金经过热棒后收益反而不如以前？基金规模越大，操作难度越高。王熙凤曾对刘姥姥说，大有大的难处。船小好调头，人越多，想撤退就越难保持队形。

据万得数据显示，2021 年 1 月至 2 月发行的规模超 80 亿元的主动权益基金共 25 只，至 2022 年 2 月 25 日，这 25 只基金成立一年后的平均收益率为 –10.47%。其中只有 7 只基金的收益率为正，其余 18 只基金均亏损。基金最高与最低收益率相差 33%，同期沪深 300 指数下跌 16%。

为什么会有"爆款基金魔咒"？因为大部分普通投资者买涨不买跌。我们反复说过资本市场赚的是接盘侠的钱，当所有人来买基金的时候，市场往往已经走向上涨的尾声，因为接盘侠出现了，所以这根本不是什么"魔咒"，只是市场规律而已。

（7）对于行业 ETF，不懂就不要碰。2019 年有很多人投资白酒，2020 年还是有不少人投资白酒，白酒概念一直涨到 2021 年初，消费抱团松散后才开始下跌。为什么这么多人投资白酒？因为白酒大家都懂，看得见，摸得着。钱来上涨，钱去下跌。大家愿意为白酒前仆后继，股票在涨，消费基金在涨。投资一定要投自己懂的行业，假设今天有人去买医疗基金，我会问他 CXO（运营医药研发及其生产制造业务外包的上市企业）是什么？可能大多数人都不明白，不明白为什么要投呢？

👤 11. 投资渠道

（1）基金超市。如天天基金网、好买基金网、支付宝、理财通、雪球财经、盈米基金。其优点是方便、快捷、手续费低；缺点是 App 中的模块多，界面不友好，活动多。

（2）第三方管理机构。起源于信托代理，全国有几万家，仅充当大型持牌机构代售资管产品的销售渠道。其优点是产品丰富，服务周到，线下面对面；缺点是手续费高，产品来源模糊，风控力度小，服务人员有道德风险。

（3）直销平台。供应自家公司品牌的基金。其优点是费用低；缺点是产品少，服务质量不高。

（4）论坛大 V。本质是上二级分销商。其优点是服务周到，专业性强；缺点是每个论坛大 V 的操作风险不同，对市场的认识不同，心理账户不同等，可能与我们对市场的理解、对收益的要求、对风险的承受能力并不契合。并且人无完人，每个人都有自身的弱点和缺点，没有长期相处过很难发现，或许这个弱点是我们与他之间的组合的致命处。

（5）证券公司。其优点是手续费低，信息量大，可一站式开户（可同时用于基金、股票等交易）；缺点是交易太便利，容易追涨杀跌，频繁交易。

（6）银行。其优点是产品丰富，几乎可以满足所有不同的需求，增值服务多，安全感强，可以面对面沟通；缺点是理财经理指标多，专注力不集中，手续费高。

第八章

长期资金：长期的力量

狭义地理解，长期资金就是购入债券型基金。债券型基金收益稳定，波动幅度小，并且买进后通常不用打理，就能收入较为固定的现金流，我们可以称之为被动收益。这是实现财务自由的最后一步，当被动收入高于或等于主动收入时，初步财务自由便已经实现。

　　但"长期"本身还有更多的含义，它可以是一种理念的长期执行，也可以是投资方法是长期贯彻，等等。我们所说的长期，不仅仅包含被动收入这一项。种一棵树最好的时间有两个：一个是现在；另一个是 10 年前。所以对于财富观念的培养，我们应该从娃娃抓起。

1. 财富观念从娃娃抓起

你家的孩子今年收了多少红包？你是不是又想替他保管这些压岁钱？其实孩子的压岁钱是帮助孩子建立金钱观、培养财商的一个非常好的教育工具。

孩子拿到压岁钱，怎么花？可以用它开一个证券账户，用钱买一只股票，并且告诉他，红色就是赚钱，钱变多了；绿色就是亏钱，钱变少了。埋单的时候，让孩子来付，不论是现金还是手机支付，扣完钱后他会知道现金变少了或手机里的钱变少了。这样孩子就会逐渐理解所有的东西都是有价格的。

我建议大家把孩子的压岁钱分为三个账户。第一个账户是给孩子们制定今年的月度零花钱，要让他学会花钱。花钱也是一种技能，就像学开车、学语言一样，也需要学习。第二个账户是把压岁钱的30%至40%放到梦想存钱罐中，告诉孩子可以通过攒钱来实现一些小目标。可能每个孩子都想去迪士尼，都有想买的玩具，或者给父母买礼物，这些梦想都可以通过存钱来实现。这不仅能够很好地培养孩子的存钱观念，还可以通过延迟满足来培养他的消费观。当通过自己存钱完成小目标的时候，这种成就感会让孩子未来在面对金钱的时候拥有更大的自信。第三个账户就是把压岁钱的50%拿来做简单的投资，并且告诉孩子钱是可以赚到的。同时这50%的压岁钱也可以作为孩子的教育金。虽然年纪比较小的孩子不懂所谓的风险和投资回报，但他总是在成长，他总会明白钱生钱的道理。当然，这种投资要选择风险小、波动小的标的，如货币型基金或债券型基金。对于年龄稍大的孩子来说，可以直接让他参与定投，让他了解风险和收益是怎么回事。

《富爸爸、穷爸爸》中说过，你不教孩子金钱的知识，将来会有其他的人来代替你教育你的孩子，这个人可能是债主，也可能是奸商，更可能是骗子。我们越早和孩子正确地谈钱，孩子就越有机会去了解人、钱和世界的关系。

2. 被动收入的磐石是主动收入

被动收入不仅来自债券型基金利息，它还有非常多的形式。

● 不动产租赁：住房、厂房、商业物业、车库车位、土地等的租金。

● 动产租赁：汽车、设备、工具、奢侈品等的租金。

● 知识产权：音乐、电影、视频、照片、设计创意、出版书籍、动漫或卡通形象、表情包、专利授权、品牌授权、软件、网络课程的版税收入。

● 金融：银行存款、债券等的利息收入。

除了不动产租赁和购买债券的利息收入外，普通人很难有知识产权类的产品版税收入，如果不是做租赁生意，也不会出现动产租赁的收入。那么宽的渠道，放在普通人面前，一下子变得窄了，为什么？因为普通人创造价值的能力有限。

我举一个最简单的例子，如果我每天坚持写公众号文章，积累一定的粉丝之后就可以成为公众号流量主，在公众号文章中插入广告链接。每篇文章我只需要写一次，只要每天有不同的人来读，就会每天产生广告收入。这就是被动收入的一种。但问题是普通人未必有写作能力与坚持每天更新的执行力。

资讯越来越发达，信息传递的成本越来越低。那么只要你有的他没有，你知道的他不知道，你懂的他不懂，你会的他不会，都可以成为知识版权，不论是文字、图片还是视频。

反过来，只要你有能力，有执行力，几乎可以在任何方面创造被动收入。那么这个被动收入是从哪里来的呢？是由主动收入所创造的。只有提高创造主动收入的能力，才能提高被动收入的收益额和收益率。

3. 国债和国债逆回购

比购买股票型与混合型基金风险更低的理财产品是什么？债券型基金的风险更低，但风险最低的是国债。国债简单来说就是国家向我们借钱，并且承诺债券到期的时候把本金和利息支付给我们。因为借款人是国家，所以可以说风险几乎为零，它就是一个保本理财产品。

而且中国的国债还是出了名的信用好，十分安全，没有任何隐患。不仅大众喜欢买国债，不少外资机构也会把长期资金配置到国债中。因此对于个人投资者来讲，国债的优势就在于安全无忧，而且门槛又很低，100元就能买。最重要的是，它的利息比把钱直接存入银行要高那么一点。

要去哪里买国债？一般来说在国有银行都可以买到国债。适合普通人购买的国债有两种：一种是凭证式国债，在柜台就可以买到，缺点是要早起排队；另一种就是电子式国债，既可以在柜台买，也可以在网上买，具体要看国债发行的时间。

什么样的投资者适合买国债呢？如果对风险的承受能力比较低，但是又想做一点理财的话，买国债就是一种非常不错的选择。在家庭资产配置中，就可以拿出一部分中长期资金来购买国债。但任何金融产品都有一定的特性和风险，国债基本上是没有风险的，但是它的特性是流动性差，如果我买5年期国债，这段时间内有急事要用钱，强行赎回国债就会损失很多利息，最后的利息会比银行存款的利息还要低。

解决流动性差的问题的方法是将资金分为三份：一份买1年期国债，一份买3年期国债，一份买5年期国债。一年后，1年期国债到期，买5年期国债。再两年后，3年期国债到期，续买5年期国债。这样，每隔两年都会有一份5年期国债到期，可以在一定程度上解决资金流动性差的问题。

国债自身的安全性很高，但是安全性高的产品收益通常都不高。任何低风险的产品都一定伴随着低收益，所以国债抵抗通胀的能力很差。如果不选择长期投资国债，可以定期投资国债逆回购。

国债逆回购是指买了国债的人需要资金周转，短期内他要把他的国债抵押出来，一般来说抵押的时间都会比较短，1～128天不等。在某个时间点上，比如月末、季度末、年末和长假期间，市场上的资金往往会比较紧张，所以国债逆回购在这个时候的收益率就会相对走高，而且假期也会计算利息。这一类逆回购的监管方是交易所，所以风险也几乎为零。如果手上有大笔资金，在合适的时间做一些国债逆回购，一年下来也会赚不少钱。

4. 债券型基金为什么下跌？

债券型基金并不一定稳赚不赔。图 8-1 为金鹰元丰债券 C 基金 2021 年 12 月至 2022 年 6 月的净值走势图，基金自 2021 年 12 月上市开始就一直在下跌，下跌的幅度堪比股票型基金和混合型基金。

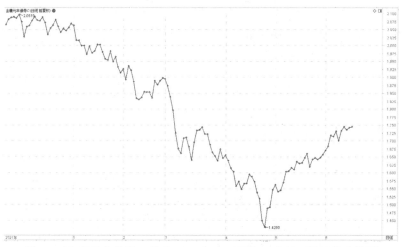

图 8-1　金鹰元丰债券 C 基金 2021 年 12 月至 2022 年 6 月净值走势图

平时看到的债券型基金指数走势不是稳稳地向上吗？为什么这只债券型基金会下跌这么多呢？债券型基金也可以理解为"固收+"，即固定收益 + 风险收益。只要不是纯债型基金，都会有风险收益，但风险收益占比不高，通常情况下债股配比为 9：1 或 8：2。

债券类基金持仓权重更大，即使有 20% 的风险收益下跌，也不会导致债券型基金下跌这么多吧？其实这类基金的债券中隐藏着波动性不次于股票的债券——可转债。

可转债具有股、债二元性，但可转债被归为债券类。可转债有看涨期权的特性，我们都知道期权是高风险金融衍生品，可想而知可转债的波动性也不会低于股票。当"固收+"基金的债券部分含可转债的比例很高时，即使债券类投资占基金的比重达到90%，也会造成整体基金的下跌。

金鹰元丰债券 C 基金截至 2022 年 3 月 31 日，它的债券类持仓含有南航转债、闻泰转债和长汽转债，占比达到22.54%，21 国债 10 和 21 国债 16 的占比为23.66%。稳健的国债持仓占比和波动极大的可转债占比基本相同。图 8-2 至图 8-4 为 3 只可转债 2021年 12 月至 2022 年 6 月的走势。

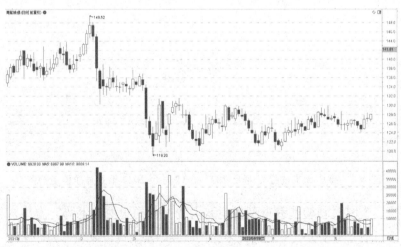

图 8-2　南航转债 2021 年 12 月至 2022 年 6 月走势图

图 8-3　闻泰转债 2021 年 12 月至 2022 年 6 月走势图

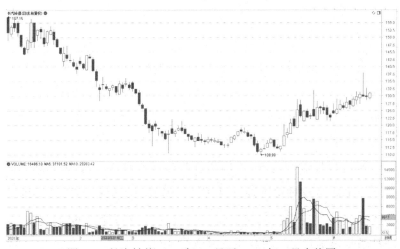

图 8-4　长汽转债 2021 年 12 月至 2022 年 6 月走势图

再加上 2022 年前 4 个月股票市场整体下跌，才会导致 2022
年超过八成的"固收 +"基金的收益率为负。实际上亏损最多可达
到 13% 左右。所以我们在投资债券型基金时，一定要在购买之前

看清产品是否涵盖可转债。如果可转债的含量较高，就意味着产品的波动性较大，并不稳定。

我们之所以要投资债券型基金，就是因为它的稳定性，如果可转债含量过高，也就失去了投资债券型基金的意义，应该及时调配。很多优秀的债券型基金的可转债含量并不高，甚至不含有可转债，同样可以有很好的绩效。

即便基金下跌了，亏损也是最好的风险教育，不要一味地看自己是赚钱了还是亏钱了，而要看这次投资行为是否存在缺陷，然后改正。

5. 如何选择债券型基金？

债券型基金可以分为纯债基、一级债基和二级债基。所有的资金都投入债券中，称为纯债基；主要资金用于投资债券，但还参与一部分新股申购，称为一级债基；用20%的资金配置股票，称为二级债基。

纯债基收益率为5%，但贵在稳定。有些二级债基收益率很高，如汇添富双利增强债券A基金（如图8-5所示）2013年末至2020年的7年收益率高达89.29%，平均年收益率为8.93%。一级债基的收益率介于纯债基和二级债基之间。

先选择业绩持续表现优秀的基金，只有结果才能证明能力。我们在前文中说过，虽然过往业绩不好并不代表未来业绩不好，但过往业绩优秀，未来业绩还能保持优秀的概率更高。筛选的方法可按4433法则，这与我们选择混合型基金的方法几乎相同。

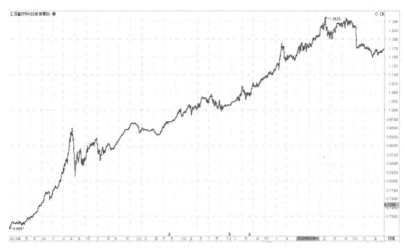

图 8-5　汇添富双利增强债券 A 基金 2013 年末至 2020 年净值走势图

　　首先选出近 1 年业绩排名在同类基金前 25% 内的基金；再依次选出近 2 年、3 年、5 年业绩排名在同类基金前 25% 内的基金，近 6 个月业绩排名在同类基金前 33% 内的基金，近 3 个月业绩排名在同类基金前 33% 内的基金。

　　然后看标准差。标准差是离均差平方的算术平均数的算术平方根，在概率统计中常用作分布程度的测量依据，它反映了一个数据集的离散程度。两只业绩相同的基金，其每日净值的标准差并不相同。波动越大的基金，净值标准差越大。

　　当然也不必真的去计算标准差，用肉眼观察大致可以判断谁的波动性更小。

　　接下来看人。基金经理的从业时间应该至少达到 3 年，并且有过优异的成绩。管理基金虽然是一份工作，但毕竟面对的是几十亿元、上百亿元的资金，没有从业经验，心理关就过不去，表现很难会好。

最后看公司。基金公司侧重不同，风格不同，要选择适合自己的产品。基金公司成立时间在 3 年以内的不要选，可能它连一次牛熊轮回都没有经历过，管理经验不足总是使人不放心的。

根据以上条件筛选出基金后，要看基金的持仓与说明书是否有出入，股债配比、持股类型、持债类型、仓位偏好、仓位调整等是否合理。如果我把钱投资给巴菲特、索罗斯、西蒙斯，我会比较放心。因为我了解他们的战绩，读过他们的书或文章，看过他们的采访文字或视频，认同他们的投资理念。对于不熟悉的基金经理，最好能从网上找到他们的相关资料，特别是他们写的文章和接受的采访，以此来了解他们的投资理念。

具体来说，先筛选出第一批基金，然后再剔除掉成立时间小于 3 年、最近一年回撤大于 5% 的基金。这样基本可以从几千只基金中筛选出十数只或数十只债券型基金（股票型和混合型基金也可以这样选择，只是最近一年回撤的幅度门槛要降低）。再通过基金经理的信息剔除不符合条件或我们的投资理念的基金。如果有很多历史数据，可以看它们是否在 2015 年、2018 年高于大盘。最后看基金净值波动性，是否底比底高，顶比顶高。经过这番筛选，基本上最后也就剩下几只基金了，可以用这几只基金做一个投资组合。

我们所有资产可以分为短期资金、中期资金和长期资金。

短期资金来自主动性的经营性收入，以工资收入为主；中期资金是 1 年至 3 年内不会动用的资金，用于投资，赚取风险性收益；长期资金是 3 年以上不会用到的资金，用于赚取安全性极高的被动收益。

短期资金的积累只有两点：节流、开源。节流主要是指不要超前消费、冲动消费，不要为了没有意义的虚荣而掉入消费主义陷阱。开源则要努力提高自身能力、提高身价，以让自己具有不可替代性，以涨薪为目标。此外还要睁眼看世界，哪里是发展的风口，哪里就有资金流入，不论是就业、创业还是投资，最好都要站在风口上，或者尽力靠近它。如果有能力，有精力，要了解每个行业的发展阶段和特性，多学习、多积累与提升自身能力相关的信息和知识。

中期资金用于投资，我建议普通人不要直参与股票、期货和其他金融衍生品的交易。证券市场未来会越来越专业化，机构对于普通投资者来说具有专业优势、信息优势和资金优势，站在赢家一方，比自己付出过多精力和过多试错成本来单打独斗要好得多。

我鼓励大家投资基金，筛选基金相对于直接投资股票、期货和其他金融衍生品要容易得多。基金大致可分为股票型基金、货币型基金、债券型基金、混合型基金、QDII 基金和 FOF 基金。

股票型基金收益高，波动大，在牛市中赚钱最快，但在熊市亏的也多；货币型基金安全稳定，日结利息且不缴所得税，大额短期闲置资金可存放于货币型基金；债券型基金安全稳定，波动性大于货币型基金，是"固收+"基金；混合型基金灵活多变，可以根据市场情况优化债股配比，从长期来看收益率高于股票型基金；QDII 基金是全球性资产配置；FOF 基金为经过二次筛选的母基金。我们推荐中期资金投入混合型基金。

长期资金用于投资债券型基金，特别是纯债型基金，以收取高安全性的被动收入。当被动收入大于或等于主动收入时，就能初步达成财务自由。

短期资金、中期资金和长期资金在不停地流转。短期资金中剔除生活必需开支外，流转入中期资金，中期资金投资盈利后，转入长期资金。长期资金获取收益后，再流转入短、中期资金，赚取更多的风险收益，然后再流回长期资金，以赚取更多的被动收入。

短、中、长期资金的流转难点在于短期资金的开源节流和中期资金的投资收入，长期资金赚取的被动收入基本不会耗费精力。被动收入的磐石是主动收入，有能力、肯付出的人才会有被动收入。

中期资金投资的难点在于，很多人把投资当成不用学习就可以做的事情。而投资本身是一项工作，既不困难，也不简单，但绝不会不经过学习便可以轻松掌握。谁都会花钱投资，但怎么投、投得好不好，完全是另一回事。

投资需要战胜人性，在某种程度上投资本身是反人性的。我们在第五章中详细阐述了在投资过程中可能遇到的问题。归根结底，投资中遇到的问题都不是技术问题，技术问题可以通过学习来解决，难点在于心理问题，必须通过修炼内心才能解决。

中期投资有单笔大额投资或小额定投两种方法。单笔大额投资对择时准确性的要求非常高，通常在一只净值稳定向上的基金回调到某一程度时，或在市场遭遇重大危机、恐慌情绪发泄完毕时，或在市场普跌但某一行业根本没有经营性问题时投资。定投要在价格低于价值时投资，价格围绕价值波动，并不是价格只要低于价值就会立刻回归价值，它可能会继续向下，但总会回归价值。格雷厄姆在《证券分析》中说，从短期看股市是投票机，从长期看股市是称重机。价格低于价值、继续偏离价值、回归价值的过程，称为微笑曲线。定投博取的就是一个又一个的微笑曲线。

定投可以根据市盈率法定投大盘指数 ETF，也可以定投行业ETF，或行业主动型基金。当一个微笑曲线完成时，要记得止盈赎回，将盈利再分摊到未来若干期的定投资金中，会产生更高的收益。

对于债、股的资金分配可以采用格雷厄姆的投资策略，最省心的方法是债股配比为 50∶50。股市走好时，债股配比为 25∶75；股市走低时，债股配比为 75∶25。如果没有能力判断股市是否向好，可根据年龄来划分，债股配比为年龄∶(100− 年龄)。如果不喜欢使用年龄法，可用债七股三法，安全穿越牛熊市。债股配比的关键在于维持债股市值的再平衡，格雷厄姆给出的方法是每一方比另一方多出 5% 时，使之再平衡。这样可以在某一市上涨过程中不断逢高卖出，在某一市下跌过程中不断逢低买进，一举完成了匹配、买进、卖出 3 个动作。

长期资金投资债券型基金时，要查看基金是否有过高的可转债持仓。可转债含量过高，会导致基金的波动性大，丧失债券型基金的优势，无法实现获取稳定收益的目的。

被动性收入不仅仅来自债券型基金，基本上任何边际成本为零的工作产生的收入都可称为被动收入。

金钱观、财商的培养要从娃娃抓起，也可以从现在开始做起。实现财务自由不过就是开源节流、自我提升，通过二级市场搭上国家发展的快速列车，经过一系列的低位投、高位出，挣出一份资产后收取被动收益来覆盖生活支出的过程而已。只不过这个过程可能会很漫长，其间也必然要抵住诱惑、忍受孤独、坚持自律。但不预则不立，不谋全局者，不足以谋一域；不谋万世者，不足以谋一时。任何事都有代价，当你选择了短期的快乐，就要牺牲长期的安稳。我们都有选择的自由，也都会为自己的选择付出代价。

格雷厄姆在《聪明的投资者》的最后一章中说道：有条不紊的投资就是最明智的投资。普通人积累财富、实现财务自由没有捷径，所有路径都已摆在我们面前，我们要做的是从容坚定地走完这条路。

最后我想说，学习投资理财的目的就是让自己的财富稳定地增长，让家人都过上更好的日子。所以我才会经常讲，平衡事业、投资、生活三者的关系是人生最重要的事，在事业上追求财富增值，在投资上追求锦上添花，在生活上追求游刃有余。做好投资理财，也就是打理好自己的人生。